心の免疫力

「先の見えない不安」に立ち向かう

加藤諦三
Kato Taizo

PHP新書

JN110372

心の免疫力

「先の見えない不安」に立ち向かう

目次

第2章　「いい人」「すごい人」になりたがらない

第3章　戦う心がもたらすもの

第4章　不幸になっても、また幸せになれる

第5章　よい人生を創る決意をする

序章
心の病も蔓延する「コロナ時代」

今回のコロナショックは、世界中の人を不安に陥れた。

多くの人が、日常生活でも仕事でも、未曾有の事態に直面して「どうしていいかわからない」という心理状態に置かれてしまっている。

それはそうだろう。世界でも誰一人として経験したことがない事態なのだから。

しかも、この感染症をわれわれが克服できるのか、そしてそれはいつ頃になるのかもわからない。だから、いつも不安は去らない。

文字通りの「先の見えない不安」である。

もちろんこんな事態は、私も経験がない。

私は、この事態が伝えられてすぐに、「ウイルスによる感染症も重大だが、それにともなう社会不安、心の病の急増を招くことが、同じぐらいに心配である」と考えていた。

ちょうどその時に、テレビでコメントする機会があり、それを訴えるとともに、私のホームページに、補足を書き加えておいた。

まずは、その文章をここに掲載したい。

新型コロナウイルスによる「心の崩壊」の深刻化（2020・04・19）

本日のTBSテレビ『サンデーモーニング』に、インタビュー出演しました。

内容は極めて重要なので、補足します。

新型コロナウイルス問題の解決そのものと、同時にその影響をいかに食い止めるかということが人々の関心であり、メディアの関心である。

経済的不況をどう回復させるか、それが緊急のコロナ問題の解決とともに議論される。

政府はリーマンショック以上の景気対策をするということを、毎日のように同じように言い続ける。これら緊急の課題をどう解決するか、重要でないと思う人はいない。

しかし重大なのは、経済的不況回復だけではない。

不況をどう解決するか、とリーマンショックを例に出しながら議論することが重要でないという人はいないだろう。しかし極めて重要で、かつ極めて深刻で、かつ極めて長期的な問題には、気がついていない。

それが、これらの問題の後に来る「心理的崩壊」である。

小学生が食事をするのに、ついたてを立てるというような、人との接触を少なくすることが、10年後にどのような現象として現れてくるかということが議論されていない。報道は、こういうことをして、こういうようになっているという現象の報道だけである。

それよりも、そもそもそういうことの影響の重大さを気がついていない。

小学生の年齢は、人と接することを学ぶことでコミュニケーション能力が育成される。

さまざまな影響が議論されるが、経済的不況の問題などに比べて、「心理的崩壊」の問題の本質は議論されていない。

今後の日本の危機の問題の中で、危機に気がつく順番は最も遅い。

人との接触を8割減、それが重要であることは誰も否定しないだろうが、小学生にあたえる心理的ダメージ、10年後、20年後の深刻な影響がどうあらわれるか。

すでにドメスティック・バイオレンスやコロナ離婚がいわれる前に、コロナ問題以前に、心理的な危機は現れている。

会社では、パワー・ハラスメント、過労死問題、家庭ではドメスティック・バイオレンス、モラル・ハラスメント、幼児虐待問題の増加、学校では、いじめ、不登校問題などなど、社会的には、ギャンブル依存症者、アルコール依存症などの依存症問題。

これらの問題が今の段階では、まだ社会的な問題である。つまり社会の中での問題にとどまっている。

今後でてくる問題の深刻さに気がつかないで、経済的不況にばかり気をとられると、社会の中のトラブルが、社会の外にいる人とのトラブルになる。

つまり、社会が社会として成立する根源的原因である「共通感覚の喪失」が起きてこざるを得ない。

具体的にいえば、「なんで人を殺してはいけないんですか？」という犯罪が増えてくる。ストーリーなき犯罪が増えてくる。

パーソナリティーは、一定の段階を経て成熟に至るものと考えられている。パーソナリティー障害のいろいろな型は、どこかの段階で起こった停止に起因する。

コロナ問題解決のために必要な仲間同士の接触自粛が、小学生同士の食事でのコミュニケーションの喪失で、パーソナリティー発展の停止の起因にさえなる。

人間関係の挫折、コミュニケーションのトラブルは、すでに今の社会の深刻な問題である。孤立した人間は、他の人々と確認された関係を結びたいという欲求と願望を無意識に持っている。

不安な親の側は、子どもに従順を強制して子どもの心を滅ぼす。ことに、もともと攻撃的性格の親の場合は深刻である。幼児や子どもを攻撃することで親自身の心が不安の感情処理をおこなう。親は自分の不安の心理を回避する一方法として、敵意と攻撃を用いる。

ロロ・メイのいうごとく、もしわれわれが、他人を自分自身の意思に従わせる以外に、不安から救われ得ないとなれば、不安を和らげる方法はどうしても、本質的に攻撃的とならざるを得ない。

子どもが自分の意のままにならないと、自分が不安になる。その不安から敵意ある攻撃性で反応する。親は不安だから、子どものふとした言動で自分が拒否されたと感じて不安になり、敵意ある攻撃性で反応する。相手を「やっつける」ことで得られる安心感は一時的なものだからである。そこで、いつも安心しているためには、いつも相手を攻撃していなければならない。

攻撃をしながらも心の底では、相手との結びつきを求めている。攻撃の裏で安心を求めているような攻撃の特徴は、些細なことでも攻撃がおこなわれるということである。

不安と劣等感と敵意は深く結びついて、その人のパーソナリティーを形成している。

子どもの側からいえば、依存と頼りなさの過度な感情を持ちながら不満になり、自分が依存している人々に対して過度な敵意感情を無意識にもつ。そこに現代の競争文化が、敵意を生み出し、消費社会の文化がさらに人々の自己疎外をもたらす。

こうしたさまざまな要素がいっそう多くの不安を生み出す。

同じ、TBSテレビ『サンデーモーニング』の新年の特番でも、現代の世界の「幼児化」について触れたが、今回の日本の政府のコロナ対策を見ていると、まさに日本人の幼児化が表面化している。

何よりもナルシシズムである。

自分たちのナルシシズムに沿うように現実を解釈する。感染者の数字が少し良くなると「大丈夫だろう」という気持ちの緩みがでる。

つまり自分のナルシシスティックな願望に従って現実を解釈する。

自分にとって都合のよい解釈をして、それに従って政策をとりながら、「専門家の意見」という合理化をする。心理的な問題を抱えている人の意見が力を持ってしまう。

自己実現している人は、優れた現実解釈をするとマズローはいうが、自己疎外された人の現実解釈では、不安な状況の現実を解決できない。

不安に対する生産的な対応がコミュニケーションするということであるが、それが今の日本ではできない。

日本は今、蒙古襲来以来の危機である。

緊急の課題を解決しようとすれば、緊急の課題解決としては正しくても、10年後、20年後の心理的崩壊という深刻な問題を促進してしまう。

ヘーゲル哲学がいうように、歴史上難しいのは、正しいことと正しいことの矛盾である。今、日本はそこに直面しているが、それに気がついている政治家と財界のリーダーはいないようである。

なによりも問題は、経済的危機が叫ばれているが、心理的危機が急速に促進されていることに気がついていないことである。


この記事をホームページにアップして以後、社会の状況はさらに深刻化している。

「先の見えない不安」に耐えられなくなったことによる心理的人格崩壊が、すでに起きていると言っていいだろう。

ウイルスの蔓延についても、自分を取り巻く経済の行方についても、得体のしれない不安の下に長く置かれ続ければ、誰にもいつかは、そのストレスに対抗できなくなる日が来る。

いずれ日本でも、抗うつ薬や抗不安薬がもっと必要になってもおかしくないだろう。

なぜなら、適切な対処法がなくて「どうしていいかわからない」事態ほど、普通の人間にとって、不安や恐怖にさいなまれるものはないからだ。

「どうしよう、どうしよう」と思い迷っているうちに、普通の人は不安に負けてしまうだろう。

私が、これからの「コロナ時代」を生き抜いていく人たちに不可欠の力と考えているもののひとつが、「レジリエンス」といわれるものである。

「レジリエンス」は「心の免疫力」である。私にいわせれば、「どんなひどい状況下でも絶望せずに立ち直る力」である。

たとえば、ひどい親に暴力を振るわれ続けるような哀しい環境に育っても、それを感じさせず、明るい性格の人がいる。

このような人は、なぜ、いじけた人間にならなかったのか。

ヒギンズは、「彼らは、『普通の人』とは問題意識の置き所が違っていた、そして、『自分はよい人生を生きる』という決意があった」と述べている。

人生に対する向き合い方が違っているのである。

日本人であるわれわれが、これからの時代をよきものにしていこうと思うならば、「レジリエンス」を身につけて、現在や未来に向き合った方がよい。

この本は、「レジリエンスのある人」になるための、生き方・考え方を述べたものである。

レジリエンスについては、今の段階では正確な定義はないが、『どんなことからも立ち直れる人』（PHP新書）にはレジリエンスの説明がある。ぜひこちらも一緒に読んでほしい。また、これからPHP研究所から出版予定の不安についての本ではレジリエンスについて論じる。

第1章
どんな現実にも立ち向かう

●母親はなぜ息子に殴られたのか

50歳の母親からの相談である。

夫との間に、18歳と15歳の息子がいる。この15歳、中学3年生の家庭内暴力についての相談である。

息子は「自由がない」と言う。だが、クラブ活動もしていて、楽しそうである。

母親は「自由がない」ならクラブ活動をしなくてもよいと考えている。母親が「家庭教師に来てもらうのもやめてもよい」と言うと、息子は、続けると言う。

先週、この息子が母親にひどい暴力を振るった。殴られ、蹴られ、髪の毛をつかまれて振り回された。母親は、この息子に恐怖感を抱いた。

その後、息子は、自分の部屋にこもってしまった。もう嫌なことは見ない、聞かないで済ませようとしている。母親には現実逃避としか思えない。

他人は「お宅の息子さんは穏やかな子」だと言う。「彼と話していると癒される」と言う。

「あなたが悪いんじゃないの?」とまで言う。

母親は、情けない、悔しい、悲しい、恐ろしい。

母親は息子に、暴力でできたアザや傷を見せる。

「そんなの知らない」と息子は言う。「何も思わない。何も感じない。親なんかどうでもいい」と言う。

母親は、どうしたらいいのか分からない。息子に声をかけると「うるさい、ウザい」という言葉が返ってくる。

息子は、母親から声をかけられると腹が立つ。

息子は自分の心の矛盾に苦しんでいる。成績が悪くて、「どうしよう」と思っていた。中学の3年間、ずっと思っていた。

母親は「息子の成績がよくない」と嘆いていた。

この言葉に、息子は怯《おび》えている。

息子の感情は、助けを求めている。「僕を助けてくれ、僕は限界だ」と叫んでいる。

暴力は防衛である。殴る蹴るは、息子の感情の表れだった。

●とにかく逃げようとする「焦りの心理」

焦っている人は、とにかく逃げる。

逃げたい原因がそこにある。逃げたい人がそこにいる。

心配事が目の前にある。

やっとホッとしたのもつかの間、そこにまた……。というように、とにかくその状況から逃げたい人がいる。

そうすると、まずそこを離れようと焦り出す。すべきことよりも、そこを離れることが優先してしまう。それが焦りの心理である。

アルコール依存症の人にとって、飲酒がすべてに優先するように、焦っている人にとっては、その状況から逃げることがすべてに優先する。

今そこでしなければならないことに気が回らないで、逃げることに意識がいってしまう。

これが精神分析家のウィニコットの言う「環境をしっかりとつかむ」ことができていないということである。

●暴力息子はなぜショックを受けたか

最初に息子が暴力を振るった時に、母親が「立ち向かえば」、その後二人とも立ち上がれただろう。

つまりこの母親にとって、自分に暴力を振るった息子に「立ち向かう」ことが、「環境をしっかりとつかむ」ことになるはずだった。

息子にとって母親は巨大な存在だった。しかし、その巨大な母親は、息子の暴力にひるんだ。ひるむと母親が小さく見える。そこで蹴る。

母親は今までの偶像と違っていた。

怖いと思って殴ったら、ひるんだ。それは息子にとってショックだった。

そこで髪の毛を持って母親を振り回した。髪の毛を引っ張るのは激しい憎しみがある証拠である。

ライオンだと思っていた母親は、蟻のような存在になった。こんな存在に怯えて恐れていたのか、捨てられると恐れていたのか。そう思って自分に腹が立つ。

息子はこれが悔しい。

もちろん自我が確立していれば蹴らない。しかし息子は自我が未確立だから母親を蹴った。

●「成績のいい息子」がほしかった母親

母親がひるんだのは、母親自身の満足のための教育だったからである。

息子は、母親に認められるためには成績を上げなければならなかった。

しかし成績は上げられなかった。だから息子は母親が怖い。

恐怖感で、欲しいものを見失った。「自分はこう生きたい」という願望をなくした。

もし母親が、「息子が元気で生きられればそれでいい」という気持ちで接していたら、事情は違った。そうならば、息子の心は豊かになっただろう。

しかし母親は「このアザのことは、忘れないでね」と言った。気の弱い息子にとって、この言葉は「重い十字架」である。

息子は、アザなど気にもしない母親を求めていた。しかし実際の母親は、子どもの暴力にひるむ、なさけない女だった。

「このアザのことは、忘れないでね」という言葉は、「あなたはお母さんにこんなひどいことをしたのよ」という呵責《かしゃく》のメッセージである。

さらに暴力はエスカレートする。今までの母親のイメージを消したいと思って、息子は逃げている。

今までのイメージの母親と、実際の母親との違いを見てしまった彼は、ふるえている。

●目の前の現実に立ち向かえるか

定期試験の成績が出る。その報告を巡って、また揉める。

「効果がないなら家庭教師にやめてもらったらどうか」と息子に問う。

実はこれは、母親による脅迫である。母親は自分の不安感を、家庭教師の教え方への疑念にすり替えているだけである。

こういう時、レジリエンスのある母親ならどう言うか。

たとえば、「次回に結果を出すための方法を、家庭教師と考えなさい」と言う。

息子は家庭教師に相談するだろう。家庭教師も、授業内容や教え方を考えるだろう。結果、息子も家庭教師もモチベーションが上がるに違いない。レジリエンスのある大人とは、そういう効果的な大人のことである。【註1】

レジリエンスのある母親になるには、どうしたらいいだろう。

息子が抱えている現実と向き合って、おどおどしない。ぶれない。

これがレジリエンスのある母親である。環境をしっかりと自分の中につかまえておくことである。そのために、目の前の現実に向き合い、立ち向かう。

それができれば、「何をしても自分は守られている」という感覚が子どもにできる。

だから母親は、立ち向かう必要がある。

この家の問題は、母親が腹をくくらなければ解決しない。この腹をくくることが、環境をしっかりとつかまえるということである。それができる人は、レジリエンスのある人である。

●「腹をくくる」ということ

母親が「おはよう」と言っても子どもが返事もしない時はどうするか。子どもに向かって「あー、淋しい」と言ってやればよい。気持ちをはっきりと言い表しておくのがよい。

大事なのは、子どもを生んだことを受け止めることだ。後悔しても仕方のない現実ならば、後悔しないことだ。

「これは私の子ども」と認める。それが、「腹をくくる」ということ。

こういうことがレジリエンスのある母親はできている。

子どもに積極的な関心を持ち、子どもに配慮し、子どもを支える。それが「環境をしっかりとつかむ」ということである。

たとえば、子どもがものを投げつけた時に、それをよけてもいいが、子ども自体から逃げてはいけない。

子どもは母親が、「マンモスかアリか」を確かめようとする。そこでものを投げてみる。

そんな時には「どうしたのよ」と抱いてやる。「あーだ、こーだ」と言わない。くどいことを言わない。

そうすれば息子は「悔しい、辛い」と叫べる。胸にすがりついてくる。

子どもは無意識でお母さんを好きで好きでしょうがなかった。

●レジリエンスのある人・四つの特長

レジリエンスのある人には、四つの特長がある。

①プロアクティブ（前向き）な心構えであること
②ものごとをプラス面から見られること
③他人の助けを得るのがうまいこと
④信念があること

である。

それぞれの特長を、これから説明してゆこうと思う。

この四つの特長は、知識として蓄えても意味がない。これを腹に落として、レジリエンスについて考えるための温床にするのである。

たとえば、幼い時に父親に殺されそうになってベッドの下に逃げた体験を持つ少年が、そんな現実の下でも、それを乗り越えて、意味ある人生を築くことができたのはなぜか、というようなことを考えるための切り口である。

●プロアクティブな心構えであること

レジリエンスのある人の、第一の特長は、プロアクティブに問題を解決することである。【註2】すでに問題が起きてしまった今、どう対処するか。レジリエンスのある人ならば、まずそれを考える。それが、プロアクティブに、情緒的に困難な問題を乗り越えるということである。

今の感情的満足ではなく、先の問題解決を考える。現実を前にして逃げ出さない。今の重圧に負けない。起きた問題や、置かれた状況に対して、柔軟に対応する。どこを切っても同じ顔の金太郎飴対応ではいけない。

たとえば、命にかかわる問題か否か、解決を急ぐ問題であるか否かなど、その性質に応じて対応は変わるはずだ。マニュアル主義や前例主義――金太郎飴――のような狭い考えに閉じこもらない。

内的解決のために、自我価値を守る方に動くか、自我を成長させる方に動くか。問題に直面した時に、傷つかないように生きるエネルギーを使うか、自らの成長の方に生きるエネルギーを使うかで、その人の将来の幸せは決まるのである。

●ものごとをプラス面から見られること

レジリエンスのある人の、第二の特長は、ものごとをプラス面から見られること、つまり経験から積極的な意味を得られることである。

かなり感情的に失望している状況にあるにもかかわらず、希望に満ちた世界観・将来展望を形作ることができる人がいる。マイナスのものごとをプラス面から見て、経験から積極的な意味を見出しているのである。【註3】

これが大切である。

人間は生まれてきた以上、次から次へと問題にぶつかる。その経験には、必ずプラスの面とマイナスの面とがある。

レジリエンスのある人は、ぶつかった問題のプラス面、積極的な意味の方を重視する。プラスの面に注意するかマイナスの面に注意するかで、事態は全く違って見える。

長所と短所はコインの「表と裏」といわれる。その裏を見るのが精神分析論であり、表を見るのがレジリエンスである。

たとえば、自分の気持ちを抑制するタイプの人の中には、時に人に利用されやすい人がいる。しかし同時に、そういう人は、相手から見れば、話しかけやすい人である。

話しかけにくい人と話しかけやすい人では、現実の世の中で生きていく上で、話しかけやすい人の方が人間関係を形成しやすい。

抑制型の人と非抑制型の人では、どちらが望ましいかというと、それは言えない。

都会暮らしと地方の暮らし。若者と高齢者の生活。どちらが望ましいかというと、それは言えない。

有名税という言葉がある。有名と無名、どちらが望ましいかというと、それは言えない。なぜならそれらは、「表と裏」ではないからである。

子どもがいることのプラスとマイナスを考えてみる。

子どもがいると、保育園に決まった時間に迎えに行かなければならないから、気持ちに余裕がないというマイナスがある。しかし同時に、子どもがいると、保育園にお迎えに行くから仕事以外の人間関係ができて豊かな気持ちになるというプラスがある。

子どもがいるということは、現実であり、変えられない。ならば、マイナスとプラス、どちらの面を意識して生きるのがよいだろうか。

同じように、子どもがいないことの価値も相対化できる。それがレジリエンスのある人の考え方である。

悩んでいる人は、自分の悩みがもっとも辛いと思っている。恋愛で悩んでいる人は、失恋がもっとも辛いと思っている。

『イソップ物語』に、鹿の話がある。

鹿が草原の水たまりに映った自分の姿を見て、

「おれの角は、すごく立派だ。だけど、足はこんなに細い。なんで、おれは足が細いんだ。この角のように立派だったらいいのにな」

と、自分の角を自慢に思いながら、足の細さを嘆いている。

その時、自分に迫ってくるライオンの姿が見えたので、鹿は猛烈なスピードで逃げた。捕まる寸前、森の中に飛び込んで「ああ、これでライオンから逃れられた」と思ったら、自慢の角が木に引っかかり、結局食べられてしまった――という話である。

要するに、本人が長所と思っているものは必ずしも長所ではないし、弱点と思っていることは本当の弱点ではないということである。

「天は二物を与えず」と言う。人には得意領域と不得意領域がある。

「経験から積極的な意味を見いだす」ためには、自分は今、得意領域にいるのか不得意領域にいるのかを判断することも重要であるということである。

完全主義者は逆境に弱い。

神経症者は暗い面を見る。うつ病者も自分の暗い側面を見る。

神経症者の反対が、レジリエンスのある人である。

要するにレジリエンスのある人は視野が広い。劣等感のある人は視野が狭い。ものごとを認識する時の、視野の広さの重要性である。

コンストラクト（構成概念）が多い人はうつになりにくいと、ハーヴァード大学教授のエレン・ランガーは言っている。

「経験から積極的な意味を見いだす」ということの意味は大きい。

世の中には、子どもに暴力を振るうひどい親がいる。しかし、そのひどい親との体験をもとにして、人生に対する積極的な意味を導き出さなければ、その子どもはまともな人生を生きられなくなる。

親を見て、「こんな人間になってはいけない」という反面教師を体験することができる。「他の子の親は優しいのに、なんで自分の親はこんなにひどいのだ」と、自分の運命を嘆くのではなく、「この親が、ちゃんとした人間の生き方を教えてくれた」と考えることは出来る。

「こうなってはいけない、こう生きてはいけない」という教えを受けたと考えられる。

それが、経験から積極的意味を見いだすということである。

レジリエンスのある人は、もちろん心や体に痛みは覚えるとしても、その上で、何があっても「OK、しからば」という反応をするのである。

沢山の情緒的に危険な経験とプロアクティブに交渉する。そしてプロアクティブに乗り越える。困難な経験に同化するのではなく、対処できるよう自分を調整する。

自分があるから困難な環境と交渉できる。

レジリエンスは、問題解決における柔軟性によって特徴づけられる。

これはエレン・ランガーが提唱する「マインドフルネス」ではないか。

「マインドフルネス」とは、新しいカテゴリーを作ること、古いカテゴリーにとらわれないことである。レジリエンスのある人が、経験から積極的な意味を見いだすのと共通性がある。

深刻に情緒的に失望するようなことが起きたにもかかわらず、希望のある世界観を活動的に作り上げていく。【註4】

レジリエンスのある人は、辛い体験の中から積極的な意味を見いだす。

ということは、「にもかかわらず」という逆説的な思考が鍵になる。辛い体験をしている「にもかかわらず」、希望に満ちた世界観を持って、失望するような体験から積極的な意味を見いだす。

先の家庭内暴力に悩む母親がもしレジリエンスのある人であれば、どう考えるか。

息子の家庭内暴力による「アザ」は、客観的に考えれば望ましい体験ではない。

「にもかかわらず」この暴力があったから、息子はうつ病にならないで済んだかもしれない。この暴力がなかったら、息子は母親への怒りを抑えて、うつ病になっていたかもしれない。「アザ」の体験のおかげで、息子が生涯心の病に苦しむことを免れたかもしれない。

そしてこの「アザ」が我が家の問題を明らかにしてくれた。この時点で問題が明らかになっていなければ、将来もっと深刻なことが起きていたに違いない。

そう思って辛い体験を乗り越える。そればかりでなく先に明るい希望を持つ。それがレジリエンスのある人である。

確かに憎しみにとらわれているうちは、そうしろと言っても難しいかもしれない。

レジリエンスのある人は、自分の行動に責任があると思うばかりではなく、その経験の意味にも責任を持つ。

「甘え」とは、それにふさわしい努力をしないでそれをほしがることである。有名な精神分析学者のカレン・ホルナイの言葉を使えば、without adequate effortsである。

働かないで給料が欲しい。甘いものを食べてやせたい。怠けていて生きがいが欲しい。

「甘え」のある人は、それがかなわないということで不満を持つ。

「欲しがるなら努力すれば」と言われると、できない言い訳をする。

レジリエンスのある人は、言い訳、合理化をしない。それをすると逆境に弱い人になる。

責任感は、逆境に強い人のコントロール感覚にあたる。

執着性格者の義務・責任感がごまかしなのは、執着性格者が逆境に弱い人であることで分かる。

本来、逆境に強い人は義務・責任感が強い。

執着性格者の義務・責任感は「人によい印象をあたえるため、悪い評判が怖いから」である。周囲の人から受け入れてもらうための義務責任感である。その正体が逆境で表れてしまう。

わがまま、自己中心的、それが「甘え」。自分の責任を逃れる、それがここでいう「甘え」。

できるだけ安易な解決を求める人には、レジリエンスは育たない。

レジリエンスのある人は、自分の過去を隠さない。「私の父親はアルコール依存症だった」と、自分の過去を隠さないでいると、自信が出来る。

隠すと、「本来の自分」は愛されるに値しないダメな人間という感じ方を強化してしまう。

レジリエンスのある人は小さい頃から、「自分は価値のない人間ではない」という考え方、認識を強化してきた。

レジリエンスの研究者であるヒギンズは「Snap back（嚙みつく）」という言葉を使っている。

レジリエンスのある人は、成長の過程で、直面する重要な困難に嚙みつく。

そうして、受けた傷からリカバリーする。【註5】

●他人の助けを得るのがうまいこと

レジリエンスのある人の特長の第三は、他人の助けを得るのがうまいことである。【註6】

ヒギンズは、親に暴力を受けていた女性に尋ねた。

「あなたの人生を振り返って、あなたはいろいろな苦しい体験をしたと言う。それを乗り越えてきた。あなたの最大の強さはどこにあると思いますか」

すると彼女は即座に答えた。

「人の愛を得ることです。叔母さんも先生も、私が意味ある存在だと感じさせてくれました」【註7】

レジリエンスのある人は、他人の配慮や好意を得る能力が優れている。

その理由は、素直さであろう。素直な人は人から好意を持たれる。

人と心が触れ合わない人は逆境に弱い。人との心の触れ合いがないから、生きるエネルギーが湧いてこない。

つまり劣等感や優越感の強い人は逆境に弱い。だから劣等感をバネにして、頑張ってエリートになったような人は、失敗に弱い。

心の絆作りのうまい人と、下手な人がいる。他人の援助を引き出す能力のあるなしは、その人が成長しつづけられるかどうかを決定的に分ける。ヒギンズも「重要」と書いている。【註8】

さらに他人を引きつける能力は、その決定的要因であるという。【註9】

「この子、よく頑張っているわね」

と、ある大人が感心する。

そう言われる子には、その大人を引きつける何かがある。

「愛想がないけれど、どこか信じられるところがある」とか「どこか純粋なところがある」とか「世の中の汚れをまだ身につけていない」とかいうことで、受け入れてくれる人がいる。そうしてその人との関係を作っていかれる。そしてその人との関係を心の拠り所として生きていく。

レジリエンスのある人といっても、別にスーパーマンではない。人間関係を作るのが上手いといっても、全て上手くいっているわけではない。問題は、その大人を引きつける何かを、その子はどうして身につけたかである。

たとえば、ずるい子は、大人の心を引きつけない。

レジリエンスのある人は、人間関係がよい。よい人間関係を作る心の姿勢がある。彼らは他人の好意を効果的に得る。

人は誰でも助けを必要とするが、困った時に必要な助けを得るのが、レジリエンスのある人である。

レジリエンスのある人は相手を見ている。相手がずるい人か、優しい人かを見分ける能力がある。【註10】

困った時に必要な助けを得る。人生を生き延びていくのにこれほど大切なことはない。

そしてレジリエンスのある人は相手を見ている。つまり自己中心的ではない。

愛を知らない人は騙される。それが一般的であるが、愛を知らなくてもレジリエンスのある人は騙されない。

おむつをした子どもがいる。まだ愛を知らない人である。おむつでお尻がただれて気持ちが悪い。

でも、お風呂に入れて、綺麗にしてあげようとする人は、子どもにとってイヤな人である。しみて、痛いから。

ただれたお尻を放っておいて付き合ってくれる人が、子どもには「いい人」になってしまう。

面倒を見ない人を、子どもは「いい人」と思う。しかしこの「いい人」は、子どもが泣き出せば逃げてしまう。

うつ病者など心理的に病んでいる人は、自分の問題を解決してくれる人を嫌がる。自分で自分を治す努力をしていないから、付き合っていて自分が痛くなければ、その人を「いい人」と思う。だから、心理的に病んでいる人の周りには、その人を利用しようとする人ばかりが集まる。

そのことに心理的に病んでいる人は、気がつかない。

愛の仮面を被ったサディストが集まっていることに、気がついていない。

レジリエンスのない人は今、自分は不幸だと思っている。自分は不運の星の下に生まれたと思っている。そして今日が不満だから明日がない。

しかしレジリエンスのある人は、今日が不満でないから明日がある。

子どものころは、その日を目一杯遊んだ、そして満足した。だから明日に進めた。

いつの日か、欲が出て、今日を満足して生きられなくなった。

もう一度子どもに戻って、生きる証を探そう。


レジリエンスのある人は、自分に満足している。

ある人に少しの時間会えたとする。すると「会えてよかった」と思う。欲張りでないから。


レジリエンスのある人は、恋人に10分会えれば「会えてよかった」と思う。そうして、会えたことで元気になる。

うつ病になるような人は、「10分しか会えなかった」と不満になり、落胆する。

レジリエンスのある人は心を大切にする。どこかでそれを教わっている。

逆境に強い人は、自分に満足している人である。逆境でも、それを逆境と感じていない。

逆に神経症者は、逆境でなくても逆境と感じている。欲張りだから、「もっと」何かなければ不満なのである。

『イソップ物語』の犬である。

通りかかった橋の上から、水に映った肉を見て吠えた。そして、自分がくわえていた肉を落としてしまった。

うつ病者も同じである。持ちすぎるくらい持っているのに「私には何もない」という。多くの人に愛されているのに「誰も私のことを愛してくれない」という。

逆境に強い人はその反対である。レジリエンスのある人は反対である。今、持っているものに満足している。

レジリエンスのある人が部屋を借りた。その時に「私がこのいい部屋を借りていてよいのか」と思う。

うつ病になるような人は、「こんな部屋しか借りられない」と不満になる。だから周りに質のよい人が集まらない。

他人からの愛を得る能力の有無は、決定的に、その人の人生を左右する。【註11】

なぜか魅力的な子がいる。人の気をなぜか引く子と、そうでない子との得る幸福の差は、想像以上である。

人から何となく可愛がられる子がいる。その能力は、レジリエンスの鍵となる役割である。それが次から次へと起きる逆境の支えになる。

レジリエンスのある人は必要な助けを得ることが出来る。そして問題を解決していくこと

が出来る。自分自身のスキルで、好かれやすさで、アピールする力で、そして何よりも決断力で困難を乗り越えていく。【註12】

助けてくれる人を見つける能力は、成長の崩壊を食い止めるレジリエンスの力の一つである。ヒギンズはそう主張する。

よい人間関係をつくる能力は、成長の崩壊を防ぐレジリエンスの重要な部分である。【註13】

親しい仲間、助けてくれる人が、いたかいなかったかは、決定的に人の運命を左右する。

レジリエンスのある人は逆境から積極的な反応を得ることができる。ひどい環境でも人生の各段階で不屈の力を見せる。

レジリエンスのある人は、人の好意を得るのがうまい。

ひねくれている人は、逆境で生き延びられない。誰とも心の触れ合いを持てないから。

自己憐憫《れんびん》する人は、人から避けられる。

自己憐憫する人も好意を得たいから、嘆いている。しかしこれは逆に人を避けさせる。

自己憐憫は敵意の間接的表現である。

要するにレジリエンスのある人と、この種の人たちでは人から好意を得る方法が違う。

逆境の中で、レジリエンスのある子どもは、人間関係を広げる。

有能な子どもは、仲間との間に、親しい関係を築ける。

共通の仲間、趣味、ペット、何がきっかけでもよい。

逆境に弱い人は、親しい人間関係を作る能力がない。

他人からの称賛を目的に生きていた、ギリシャ・ローマ時代の大雄弁家・デモステネスは自殺した。

親しい人間関係がない。親しい人間関係を築けていない。

経済的な成功や満足のいく結婚は、不幸な子ども時代とは関係ない。

人生の問題を解決するために、最終的に重要な人間の能力は、親しい人間関係を作る能力である。

そして無意識は、その人の人間関係を通して表れる。

レジリエンスの第三の特長は、他人の思いやりを得る才能である。

人との心の触れ合いを大切にする人。

心の触れ合いの有効性を信じている人。

今、どんなに栄えていても、これのない人の人生は先細りである。

人との心の触れ合いを大切にする、その心の姿勢が人々の好意を集める。

●信念を持っていること

レジリエンスのある人の第四の特長は、信念を持っていることである。

決断力は、その人の人生が、よきものになるか否かの鍵である。

決断力のない人が、どうしたらいいかと、一万回相談しても意味がない。

ああでもないこうでもないと、延々と話しているだけである。

その決断力の基となるもの、それが信念である。

「できる」という信念、「必ずよい人生を生きる」という信念、「満足のいく人生」というビジョンを強固にしていく信念、そうした信念を持つまれなる能力、それがレジリエンスの第四の特長である。【註14】

こうして生きていれば、必ずよいことがあると信じる。

それを信じているのは、心を信じている人である。

今の苦しみは、それに到達する過程であると信じている。

素晴らしい人生のビジョンをかき立て、信じる。その信じる力、その能力が凄い。

「苦悩を通して歓喜に至れ」というベートーベンのような信念である。

「苦しみが人を救う」というフランクルやアドラーのような信念である。

そういう視点でものごとを捉えれば、憎しみは絶望ではなく、希望になる。

悪いことが起きても、対処の仕方次第でよいことになるという信念である。

人生は無意味であるという考え方ではなく、経験は苦しいが、「にもかかわらず」人生は生きるに値すると考える。

苦しみの奥には、隠された深い意味があるのだと信じる。

そういう意味で、レジリエンスの考えはフランクルに通じる。

フランクルは「意味への意志」と言っている。

「私は幸せになる」ということを、何の根拠もないが、そう信じられる。しかもそれは確信である。そして断固とした態度で行動に移す。

もし現段階でうまくいかなくても、やがてそのようになると信じ続ける。

それは財産とか、権力ではなく、心を信じて生きてきたことと、深く相関している。あるいは、神というような超越的存在を信じていることと、深く相関している。

そのように生きる人というのは、日常からの生き方そのものがそうなっている。つまり合理的な考えの生き方ではない。合理的な感情の動きではない。

花に水をあげている時には、花と話をしている。花が「美味しい、美味しい」と水を飲んでいると思いながら、花に水をあげる。花に上ってきたアリとも話をしている。そういう見方、感じ方で生きているのである。

合理的な人たちはこの発想がない。

合理的な人たちは見えるものしか信じない。

しかしレジリエンスのある人は、合理的な見方をしていないし、そうした考えを基に生活をしていない。

レジリエンスのある人は目に見える財力、権力、名声を信じていない。

だから逆境に強い。逆境を恐れていない。

逆に財力、権力、名声を信じている人は、逆境に弱い。

だからエリートは逆境に弱い。

不安だから財力、権力、名声を得るための努力をするが、その結果として、得たものを失うかもしれないという不安は増大している。

つまり、獲得に失敗しても成功しても、心理的には不安が増大している。

逆境に強い人は財力、権力、名声で得られるものは、たかがしれていると思っている。挫折するエリートは財力、権力、名声という殻に閉じこもった。それが自分を守ってくれると思った。

逆境に強い人は、「人とのコミュニケーションが自分を守ってくれる」と思った。心理学者のアドラーの言葉を借りれば、「社会的感情が自分を守ってくれる」と思った。

そもそも挫折するエリートは「コミュニケーションが自分を守る」ということの意味が理解できない。

アドラーは、「人生の問題を解決できないのは社会的感情の欠如である」と述べているが、この「逆境に弱い人の考え方」も同じように理解できないだろうか。

彼らはそもそも「心」という言葉は知っているが、「心」ということが理解できない。

「素直さが生きる武器だ」と思う人がいる。心を大切に生きてきた人である。それは逆境に強い人である。逆境に屈しない人である。元気で逆境を乗り切れる人である。

「素直さが生きる武器だ」という考え方そのものが理解できない人がいる。

現実の戦いでは、素直さなど何の役にも立たないと思っている。それは財力、権力、名声を重視して生きてきた人である。財力、権力、名声が生きる武器だと思っている人である。

お金や学歴が武器だという安易な発想が、逆境の厳しさに圧倒される。

「素直さが生きる武器だ」と言う人は、心を理解している人である。人との心の絆を作れる人である。

その心の絆が逆境で威力を発揮する。素直な人が窮地に陥っている時には、助ける人が現れる。

力を貸してくれる人が現れる。何よりも戦う勇気を与えてくれる人が表れる。素直な人には味方がいる。

財力、権力、名声が生きる武器だと思っている人が財力、権力、名声を失う。そうした窮地に立った時、周りに人がいなくなる。

アドラー心理学者のベラン・ウルフは、神経症は病気ではないという。

それは人生の問題に対する臆病な態度だという。

臆病な人はどうしても財力、権力、名声に頼る。そして、それらのものに頼るから人生の諸問題が解決できない。

美人であることが武器だと思う人は、逆境に弱い人であり、レジリエンスのない人である。

黒い瞳の輝きが武器だと思う人は、逆境に強い人であり、レジリエンスのある人である。

レジリエンスのある人とない人との違いは、アドラーのいう社会的感情の育成に頑張る人と、財力、権力、名声獲得に頑張る人との違いである。

同じ飲み物を飲んでもそれを薬にする人と毒にする人といる。

薬は基本的に毒である。副作用も必ずあるのだから、薬はできれば飲まない方がよい。

しかし、それを飲んで体を治す人もいる。

●両親の不和を〝薬〟に変える人

たとえば両親が不和の家庭は、子どもの成長に望ましくない。それは否定しようがない。

しかしそれを薬に変える人が、レジリエンスのある人である。

自分はレジリエンスがない、あるいは逆境に弱いと思う人にとって、逆境は今までの生き方を反省する機会である。

逆境を嘆いていても解決にはならない。

人を恨んでいても何も解決しはしない。

目の前の逆境を乗り越えられないのは、今までの考え方、生き方が問題なのである。

逆境に弱くなるように生きてきたのだから、今回の逆境を前向きに受け入れるしかない。

逆境に弱い人は愛する能力がない。

財力、権力、名声を重視して生きてきたのだから、愛する能力がないのは当たり前の話である。

愛する能力がないということは、そのほかの人とも健全な人間関係が維持出来ていないということである。

今ある人間関係は利害関係である。それも仕方ない。

豊かな人間関係や信念はレジリエンスの重要な要素である。

それがあってこそ、逆境を生き延びる心ができる。

心を大切にするのではなく、財力、権力、名声を大切にする生き方は、生きるという大事業を成し遂げるためには不適切な生き方である。

人には心の中の現実と、外の世界の現実とがある。

心の中に砦《とりで》のある人と、心の中に砦のない人がいる。

悲惨な現実に直接影響されてしまう人もいるし、悲惨な外の現実から身を守る砦が心の中にある人もいる。

財力、権力、名声などで自分を現実から守るのではなく、「心の砦」で自分を守る人がいる。

悲惨な環境で成長するうちに「心の砦」を築いた人がいる。

問題は、悲惨な現実をどう生き延びたかの違いである。

「心の砦」がある人と、「心の砦」がない人といる。そして「心の砦」のない人は外の現実に簡単に屈服する。

信じる力が強い人も逆境に強い。

逆境に際して、信じる力は驚異的な力を発揮する。

逆境で人から侮辱されても、「あのような人は、やがて没落する」と信じるから、心の傷が浅い。

「没落する」という意味は、愛他主義的人間関係を得られないという意味である。愛他主義的仲間関係ができないという意味である。

そして「あのような人は、やがて没落する」と信じる力が凄い。必ず没落すると堅く信じる。その信じる力が屈辱をはね除ける力になる。

苦労する中で、おそらく何が信じられるか、何が信じられないかを見極める能力が発達しているのだろう。人を見抜く能力が発達している。

まさに、レジリエンスのある人はストリート・スマートである。

ブック・スマートではない。

どんなに財力、権力、名声がある人を見ても「この人は信じられない」と直感する。

逆に財力、権力、名声が何もない人を見ても「この人は信じられる」と直感する。

そうした感じ方の鋭さが逆境の中で生き延びる力である。逆境の中でそうした信じられる人の助けを求めながら、自分の壊れた体勢を立て直す。

そういう意味でレジリエンスは、その人の価値観と深く関係している。

何を求めて生きてきたか、何を恐れて生きてきたかと深く関係する。

財力、権力、名声を求めて生きてきた人は、逆境にさいして「もうダメだ」と思う。

逆境に強いか、弱いかは長年の生き方の結果である。

それはパーソナリティーの問題だから、逆境になってから「さー、逆境に強い人になろう」と思っても、急に逆境に強い人になれるものではない。

逆境が身に染みた時には「これは神様が、生き方を改めろと言っているのだ」と思うことである。

逆境は神様からのメッセージである。

レジリエンスは長年の生き方の積み重ねである。

苦労を避けて抜け道や近道を選んできた人には、決して身についていない力である。

うまく楽をして生きようというようなずるい生き方ではなく、正面から逆境に立ち向かった人だけが身につける力である。

レジリエンスのある人と正反対の人が、財力、権力、名声を重んじるうつ病者である。

逆境の時に、逆境に立ち向かうエネルギーがないのである。

註釈

【註1】Gina O'Connell Higgins, *Resilient Adults-Overcoming a Cruel Past*, Jossey-Bass Publishers San Francisco, 1994, p71.

【註2】"Resilient individuals are able to negotiate an abundance of emotional hazardous experiences proactively rather than reactively." 同前、p28.

【註3】 "Resilient people make a preponderance of positive meanings out of their experiences." 同前、p28.

【註4】 "Resilient people make a preponderance of positive meanings out of their experiences, actively a hopeful Weltanschauung despite the significant emotional disappointments that they have encountered." 同前、p28.

【註5】 同前、p4.

【註6】 "The resilient demonstrate facility in recruiting other people's invested regard." 同前、p28.
PSYCHOLOGICAL RESILIENCE AND THE CAPACITY FOR INTIMACY: HOW THE WOUNDED MIGHT "LOVE WELL"
A Thesis Presented by Regina O'Connell Higgins to The Faculty of the Graduate School of Education in Partial Fulfillment of the Requirement for the degree of Doctor of Education in the Subject of Counseling and Consulting Psychology Harvard University June, 1985.

【註7】 "I asked Shibvon," Looking back on your life, you can certainly say it has a lot of darkness. Where are you the strong point of light for you? She quickly focused on recruited love. "My aunt, My fifth-grade teacher. The nuns. Some of my girlfriend's parents.She really made me feel like I mattered." Gina O'Connell Higgins, Resilient Adults-Overcoming a Cruel Past, Jossey-Bass Publishers San Francisco, 1994, p39.

【註8】 "Their capacity to recruit other's invested regard is crucial." 同前、p73.

【註9】 "The unequal capacity of students to interest others in them, and which seem to be the most powerful determinant of future thriving." 同前、p74.

【註10】"they effectively recruit other people's invested regards." 同前、p20.

【註11】同前、p.73

【註12】同前、p.74

【註13】"Good recruiting capacity is one of the linchpins of resilience in my group." 同前、Higgins, Resilient Adults-Overcoming a Cruel Past, Jossey-Bass Publishers San Francisco, 1994, p74.

【註14】同前、p28.

第2章

「いい人」「すごい人」になりたがらない

●持っているものを活かして生きる

アメリカの「ヘブンズ・ゲート」というカルト集団の信者たちは、人生の諸問題を解決するのに、最後まで現実逃避という神経症的な立場を変えられなかった。

つまり人生の諸問題を解決するのに、神経症的に「現実を認めないこと」に固執する。

彼らは、「自分たちは偉大である、世の中の人々は皆愚かである」と主張し続けた。その立場を変えない。

愚かな人々が増えた地球から、体を捨てて魂のみで、宇宙船に乗って脱出するという。

そして、１９９７年に集団自殺事件を起こした。

地球に留まる人々が自殺するのであり、別の星に行く私たちは自殺するのではないと言い張ってそうなった。

究極の現実否認である。

自己否定せずに現実から逃げるための妄想である。

「ヘブンズ・ゲート」の人々の逆が、レジリエンスのある人である。

レジリエンスのある人は、現実がどのようなものであれ、現実に立ち向かう。
単純にいうと、レジリエンスのある人は、今日をつかむ。
この銀色の世界。秋の落ち葉。あの夕陽。
その美しさを見られる幸せ。
今、恵まれていることを忘れない。
レジリエンスのある人は、持っているものを活用する。
人はつい、やりがいのある仕事を忘れる。
給料が安いということに気をとられてしまう。
レジリエンスのある人は「それを忘れない」。
貧しいけれどもレジリエンスのある二人が話をしていた。
一人が「こんなに自由に話ができるって、凄いことじゃない」と言った。
ここでこんな自由な話ができる。
自由なコミュニケーションは一兆円にも値する。
自分の思いを自由に話すことができる。
それを当たり前のことと考えない。

これがレジリエンスのある二人の考え方だった。


次は、現実に立ち向かっている例である。

40代の専業主婦である。

家族は夫と三人の子ども。施設に入っている自分の母親の世話にも苦労している。

子どもの一人に知的障害がある。

他の子どもは障害はないが成績が悪い。

彼女は頑張っても、頑張っても全てに成果が上がらないと思う。

そしてついに心身ともに限界が来て、夫と子どもに「出て行け」と言った。

家族は、家を出て行った。

彼女は、家族に「出て行け」と言うことができた。

彼女は家族に「出て行け」と言ったことを後悔していない。

「後悔していない」のは、今、彼女が陥っている困難から逃げていないからである。彼女の力ではどうすることもできない困難に、彼女は立ち向かった。

まさにレジリエンスのある人の「環境をつかまえる」態度である。

運命としての困難から逃げていない。

彼女のこの「出て行け」という言葉は、不満と怒りが言わせた言葉である。「出て行け」と言ったのは、母親を含めて皆に不満だったからである。

このような環境では、普通は自分の運命を呪う。

近親者など自分の関係者を恨む。

普通の人でなく、「あの人は強い人」と言われるような人でも、「なんで私の人生はこうまで苦しいのか」と嘆きと悲しみにうずくまる。自分の方が神経症になる、うつ病になる。生きていけなくなる。

彼女は「嘆き、恨み、呪う」ことなく、置かれた状況に立ち向かった。

彼女のしたことを良識に従って見れば、望ましいことではないかもしれない。

しかしこれが彼女の成長である。

レジリエンスのある人はこうして成長していく。

どんなに頑張っても、人生には絶体絶命、どうすることもできない時がある。生き延びる道は八方塞がり、完全なデッドエンド。

人生には「これでおしまい」という時がある。

それでもレジリエンスのある人は成長し続ける。
レジリエンスとは結果とか、成果ではない。
レジリエンスとは過程である。プロセス（Process）である。【註1】
レジリエンスとは、時間が積み上げられていく過程である。
彼女は、今を成長の過程と感じている。
これで終わりではない。終わりと感じていない。
成長し続ける自分と心の底で感じていなければ、「後悔していない」とは言わない。
人は成長し続ける。人生に終わりはない。死もまた成長の過程である。
家族に「出て行け」と言えたことで、今、彼女は動ける。
「私は今、『動ける自分』を持っている」と彼女は思える。
うつ病になってしまえば、動けない。
人は「かたち」あるものを求めると不幸になる。
家庭という「かたち」を求めると、彼女の人生はデッドエンドである。
しかしレジリエンスのある彼女の人生は、今デッドエンドになっていない。
自分の過酷な環境をつかまえている。

もうどうにもできない過酷な環境に振り回されていない。

介護しているお母さんと話していると、子どものことが話題になる。

すると、彼女は惨《みじ》めになる。

母親と話していると、彼女は母親の「るつぼ」に入ってしまう。母親はひねくれている。

自分の心に満足していると、人の不運を話さない。

母親は心が満足していない。母親は、自分を含めて、いかに不運であるかを言い続ける。

彼女はレジリエンスがあるから、母親の「るつぼ」から出た。

もう一つある。

彼女は自分を「家族の犠牲者」とは見ていない。

彼女は力の限り家族のために頑張った。でも全てが上手くいかなかった。

しかし「私は家族の犠牲者です」とは言わない。「私は家族の犠牲者です」と言って家族を恨み、運命を呪わない。【註2】

人は、何かを口実に自分の不運を嘆く。

たとえば「私は学歴がない」と社会の不公平を恨む。自分がどうにも満たされないものを、あるものにかこつけて、この原因で「私は不幸である」と言っている。

実は、その方が心理的には楽だから。自分が不幸な原因は「これ」と決めつけた方が、心理的に楽だからである。合理化である。

そして身近にある幸せを忘れる。

レジリエンスのある人は、起きたことには意味があることを知っている。

家族が家を出て行ったことにも、意味がある。

問題がいくつか片付いたからだ。

昨日言われたことが悔しい。そこで今日も恨みを言う。明日も言うだろう。

そういう人は文句を言うことが主題で、解決する意思がない。

レジリエンスのある人から見ると、普通の人は解決の意思がない。

レジリエンスのない人は、いろいろな理屈を言うが、文句を言うことが主眼で解決しようとしているのではない。

精神科医のカレン・ホルナイが言うように、悩んでいる人にとって最大の救いは悩むことである。

解決に取り組まないで悩んでいるほうが、その時点では心理的には最も楽なのである。

そして死ぬまで悩んでいるが、何も解決しない。

ついに悩みを抱えたまま棺桶に入っていく。

地獄の試練は人を殺すか、人を猛烈に強くする。【註3】

彼女は今、強くなるか、殺されるか。死ぬか強くなるか。

命を張った人生の勝負どころである。

中途半端はよくない。中途半端は、殺される方を選んでいるに等しい。

夫の世話と子育て、施設に入っている母親の世話。子どもが一人知的障害、他の子どもは成績が悪い。

彼女は能力限界まで頑張った。でも人生は上手く回らない。体力も限界に達した。

強くなるか、殺されるかで彼女は強くなったのだろう。

道はただ一つ、「全てを捨てること」である。

人が何と言おうと、全てを捨てて前に進む。その決意が出来た時、人が自分のことをどう言うかなど、全く自分とは関係がなくなる。

そして自分に誇りを持てる。

●自分に嘘をつかない人の強さ

レジリエンス研究者のヒギンズの著作にたびたび出てくる、ダンという少年とシーボンという少女がいる。

二人とも、ひどい親にあたってしまった子どもである。

ヒギンズはダンに「あなたは自分に誇りを持っているか」と問う。[註4]

彼は誇りを持っていると言う。

ダンはよりよい人生に向かって、自分は戦っていると分かっている。

ダンは虐待に苦しめられる。父親の殴打が怖かった。

ダンは殺されると思った。四歳くらいの頃である。

ベッドの下に隠れた。

小さかったので発見されなかった。[註5]

大切なことは、ダンもシーボンも「真実は自分たちを解放してくれる」と信じていた。自分には「もっとよい場所がある」と信じていた。[註6]

もちろんこのダンやシーボンと、先述の女性とは全く状況は違う。しかし、三人とも限界まで頑張っていることには変わりはない。

三人とも状況は極限まで厳しい。しかし三人とも、戦っている自分に誇りを持っている。

そこが犠牲者に甘んじて、悩んでいる人と違うところである。

ダンは極限まで厳しい状況の中で、人生を頑張って生きている。

そして「僕は勝っても負けても、成功しても、失敗しても、その対処の仕方で自己肯定感を持てる」と言っている。【註7】

ダンにとって大切なのは「かたち」でなく「こころ」である。

そして、この「かたち」でなく「こころ」を大切にする態度から自己肯定感が生じている。【註8】

先の「『出て行け』と言ったことを後悔していない」女性も同じである。彼女は、家庭を維持するという「かたち」にとらわれなかったから、戦い抜けた。

彼女らが誇りを持てるのは、「自我の統合性」が確立しているからである。つまり自分に嘘をついていない。

「意識と無意識の乖離《かいり》」がない。

そしてその「自我の統合性」は、自然と生じて来るものではなく、「達成された」ものである。

自分の存在をしっかりと感じることは、レジリエンスのある人の生きる態度から来るものである。

「自我の統合性」が確立していない人、自分に嘘をついている人の例である。

夫が愛人のもとへ行ってしまった女性がいる。

彼女は、「夫を信じて待っています」と言っている。

辛い現実に対する、このような対処の仕方が問題なのである。

無意識では夫に怒っている。

だから、彼女の中には「意識と無意識の乖離」がある。

この対処の仕方では、彼女は自己肯定感が持てない。

自分の存在を確かなものと感じることはできない。

彼女は「自我の統合性」が確立できない。

「私はこういう男と結婚した」、これが「人とは違った私固有の人生」である。

そう決意して、「夫を愛人に奪われた」という現実に対処する。

そして前に進む。

しかし彼女はそうしなかった。

現実から目を背けた。

「私は、妻を捨てて愛人のところに行ってしまうような、無責任な男と結婚した」という現実を認めなかった。

彼女の場合は、ダンやシーボンと違って「自我の統合」が失われている。

自分の存在感が確かでない。

甘えた姿勢で「あれも欲しい、これも欲しい」と言っている人は、死ぬまで生きがいを感じることはない。

愛することではなく、愛されることを求め続ける人は、自分の人生に意味を感じることはない。

ダンを恐ろしい虐待から救ったのは何であったか。恐ろしい虐待を癒してくれたのは何であったか。

ヒギンズによれば、それは愛他主義である。

愛他主義は人を変える偉大な力を持っている。それは癒しにとって本質的なものであるの

だろう。【註9】

ダンはさまざまな困難に遭遇する。

そして最後には、大洪水のような残虐さに打ち勝つことが、ダンを異常に強くした。【註10】

誰もがこんなに強くなれるものではない。

誰の心にもこんな強力なレジリエンスが育成されているのではない。

しかし何が自分を強くするかという点を間違ってはいけない。

●注意を向ける対象を変えると自分が変わる

アメリカの心理学者シーベリーは『問題は解決できる』という本で、第二次大戦中のイギリスの女性消防隊長の話を紹介している。【註11】

彼女は生まれつきおとなしくて、困難に立ち向かう気力など全くなかった。家に閉じこもり、劣等感にとりつかれ、自分の存在に負い目を感じていた。

そして自分の性格を嫌がり、容姿のことで悩み、考え方には自信が持てず、話をする時にはためらいがちであった。

彼女はまるで、現代の日本の引きこもりの若者のようであった。

しかし戦いの火ぶたが切られ、イギリスに恐ろしい空襲が始まる。

すると彼女は勇敢な消防士になる。

爆撃されたビルから犠牲者を救い出す。

声は強く、目は輝き、彼女は揺るぎない自信に満ちていた。


この奇跡はどうして起こったのか。

いろいろなものを恐れてばかりいる彼女を、勇敢にしたものは何であったか。

「それは、今まで自分自身のことばかり気にしていた心を、自分を委ねた職務のほうへ向けたことです。つまり注意を向ける対象の転換をはかったのです。自分自身の精神的、肉体的力を少しずつ目覚めさせ、それらの力を積極的な仕事へと投じたのです」

とシーベリーは説いている。

●体を張って困難に立ち向かうと見えてくること

40歳の既婚女性である。

小さい頃に親から虐待を受けた。夫も親から虐待を受けていた人である。

九歳の息子は、頻尿や自傷行為に苦しんでいる。すでに学校に一人で行けない。

夫は「悩んだ自分は、中学時代から無表情になった」という。

夫婦ともお互いひねくれている。顔を合わすと喧嘩になる。

夫はパニック症候群で、満足に働いていない。

小さな会社の経営者だが、人任せにしている。

お互いに頑張ったが、もう限界に達している。もう疲れ果てて頑張る気力がない。

そうした時に、妻が病気になって入院した。

夫は妻の看病をしなくてはならないことは、頭では分かっている。

でも、分かっていることをするエネルギーがない。

夫の話を聞いていて、聞いている方が落ち着かなくなる。

それは夫の心の中に、怒りや憎しみや不満があるからである。

夫にはもう生きるエネルギーがない。

妻も生きるエネルギーがない。

世の中の全ての人を、斜めに見ている。

夫は働けなくなるまで一生懸命頑張って生きてきた。

そして今、妻のいない生活になった。

もう疲れ果てた。

エネルギーがないから変化に耐えられない。

夫は妻を「かわいそうだ」と言う。そういう時の「かわいそうだ」には愛はない。

自分が一番都合の良い位置を探している。

しかし、ここが頑張りどころである。レジリエンスがあるかないかである。

レジリエンスのある人は、行き詰まった時には体を張る。体を張るといろいろなことが見えてくる。

「あれ、体温が違う」と気付く。

気分が良くなるように顔や体をふいてあげる。

そして妻に言う。

「俺がそばにいるから」

一人の時には泣いてもよい。

レジリエンスのある夫は妻に、

「会社を潰してもかまわない。命の限り頑張ってくれ」と言う。

強くなって体を張ってみると、「今日は足をふいてあげよう」とか、することが見えてくる。

足をふいてあげる。暖かいタオルで足の裏をきれいにしてあげる。

言葉はなくてもよい。

体を張るということは大声で「頑張るぞー」と怒鳴ることではない。

愛することである。

まさにレジリエンスのある人は、愛することができる。

愛するとは、相手の立場になって考えることである。

今までは、夫婦ともに「私を認めてほしい」と言っていた。

愛されることを求めていた。それでお互い、意図せずに傷つけあっていた。

夫は息子にも目を向ける。

頻尿や自傷行為に苦しんで、学校に一人で行けない九歳の息子が、校門まで行けた。

でもそこから先には無理だった。

「俺がそばにいるから」と息子が安心するように優しく言ってあげる。

なかなかすぐには言えないかもしれない。

突然に心理的成長をすることはない。突然にレジリエンスが生じるわけではない。

しかし、いつかそう言えるような人間に成長している。

レジリエンスのある人は、突然レジリエンスのある人になったわけではない。レジリエンスのある人になるように生きてきたのである。

長年にわたって「心」を大切にして生きてきている。その結果、レジリエンスのある人に成長している。

長年にわたって「かたち」を大切にしながら生きてきて、急にレジリエンスのある人になりたいと言っても、それは無理である。

ヒギンズは、仮説として、心理的健康と心理的成長は生涯発達すると主張する。【註12】

今、「俺がそばにいるから」と妻や息子が安心するように優しく言ってあげることができないとしても、やがてそう言える日が来る。

女優のメアリー・ピックフォードは「常にチャンスはあります。いつでもフレッシュなスタートができます。失敗とは転ぶことではなく、転んだまま起き上がらないことです」という言葉を残している。[註13]

●人生とは「自分自身を征服する歴史」である

人は生涯にわたって成長を続けるものである。

だから、レジリエンスのある人は、今の人生を「自分自身を征服する歴史」と見ているのではないかと私は思う。[註14]

与えられたそれぞれの環境の中で、頑張って生きてきた。それは振り返ってみれば、戦いの歴史であり、同時に征服の歴史でもある。

ヒギンズの調査した人たちの多くが、強調して述べていたことである。

「私は人生の早い時期に学習基準に達しなかった。特に後期思春期と早期成人期に。

しかし今は要求水準に達している。

何人かは入院をしているし、入院しなくても子どもの時期に爆発したトラウマの影響で悲観論者と診断された。

私はよろめきながらも、自己と他者の新しい意味に向かう。

長い人生の旅を経て、混乱しながらも最終的に人生の意味にたどり着く。

オイディプスは最後に家への道を見つけた【註15】」

先の、妻が病気になって入院した夫の話である。

夫は今、妻に「俺がそばにいるから」と言えなくてもしかたない。

そう言えない自分を、レジリエンスのない人と見なさなくてもよい。

今の自分は最高に機能しているレベルに達していない。

だから自分はもっともっと素晴らしい自分になっていく。

今、神経症的傾向の強い人でも、自分の未来を悲観することはない。

最高の自分は今の自分ではない。

この夫も、今、そう言えなくてもよい。

中学で無表情になったという夫には、辛い幼少期があったのだろう。

パニック症候群になる夫は、過酷な運命の中で戦って生きてきたに違いない。

私たちは過去の集積である。今までの自分をすべて包含して「今の自分」がある。【註16】

そしてその先に最高に機能する自分がある。そうなるように生きてきたのである。

悩みは昨日の出来事ではない。

蒔《ま》いたように花は咲く。

悩んでいる人は、どこかで今の悩みの種を蒔いたのだ。

今、悩んでいる人はそれを認めることで、成長して行ける。

それを認めないと、成長の機会を逃す。過酷な運命に翻弄される。

過去の自分と離婚する。

ヒギンズの著作を読んでいる時に、Divorced selfという言葉に出会った。【註17】

そこでの意味は、余りにも深く傷ついたので、基本的な自分が自分から分離してしまったということであるようだ。

「自我の統合性」を失ったという意味のようである。

それだけ過酷な人生を歩んできたということであろう。

レジリエンスのある人は、自分の現在の命を、その人自身の征服の歴史と見ている。
打ちのめされた子ども時代と取り組み、仲良くなり、最後には抱きかかえる歴史として見ている。
レジリエンスのある人は、自分の今の人生を征服の歴史と見ている。【註18】
だから、これまでの、それぞれの時代の自分を、オーケストラを指揮するように操ることができる。

●今この時は幸せになるための経過である

ある、レジリエンスのある人の話である。

こうして世界一苦しんでいる自分はすごい。

この自分にしか耐えられない辛さを生きている者からすれば、たった一本の注射で解消するような辛さなど、辛さのうちに入らない。

「こうして世界一苦しんでいる自分はすごい」。そう思えるのが逆境に強い人である。

私はある時日本精神衛生学会の大会の長を務めて、そこにハーヴァード大学教授のエレン・ランガーさんを呼んで講演をしてもらった。

彼女は次のような話をした。

「どんな行動にも意味があると考えられます。

ある人が、その人自身にとってマイナスになると思われる行動をしている時こそ、その行動の本当の意図を考えてみてください。

そうすれば、その行動に対し別の解釈ができて、その人に対しマイナスの気持ち、否定的な気持ちというのが消えていくように思います」

誰もが、自分の人生を、意味のある充実したものにしたいと望み、さまざまな行動をしている。

だから、今を最終点の幸せにたどりつくまでの経過ととらえれば、どんな行動にも意味があることがわかる。これが逆境に強い人、レジリエンスのある人の考え方である。

そう思えば逆境から立ち直る行動を続けられる。

私たちは、大きなことで幸せを逃がしていると思っている。しかし、本当は逆境の時の小さいことで幸運を逃がしている。

もう一度いう。

逆境に強い人、レジリエンスのある人はどんな行動にも意味があると思っている。

今はつらい。

しかし今は幸せに至る経過である。

●逆転ホームランを打ちたがる人

逆境に弱い人は、すぐに「こんなことをしていてもしょうがない」と投げやりになる。

逆境に弱い人は逆境の時に、すぐに逆転ホームランを打とうとする。

逆境に強い人は、日々の小さな行動の積み重ねで、逆境から立ち直ろうとする。

日々の小さな行動を積み重ねられるかどうかによって、人間として心に強靭な根があるのかどうかがわかる。

それが試されるのが逆境である。

レジリエンスのある人の、「自分は、心に静かな核心がある」という自己認識は、戦って生きてきた人の自己認識なのだろう。

レジリエンスのある人は、「自分は愛に値する」という深い確信を持っている。それが彼らの特長である。【註19】

戦って生き抜いてこなければ、そのような肯定的な自己イメージを持つことはない。

口先だけで何も実行しなかった人、悩んでいるだけで問題解決に向かって戦わなかった人、それらの人たちが自分に誇りを持つことはない。

確かに不満分子の人々も、不運であることには違いなかったのだろう。しかしその不運をしっかりと自らの試練として受け止め、成長の機会とすることがなかったのである。

●他人に関心を持って生きる

レジリエンスは「環境をつかまえる」ということの中で成長する。

「環境をつかまえる」という意味がわかりにくいかもしれない。

イギリスの精神分析家ウィニコットは、これを説明するのにindividualsではなく、embeddualsという言葉を使っている。

Embedとは「埋め込まれた」という意味である。

どういうことかは、子どもの成長になぞらえると分かりやすい。

子どもの心の中に養育者が埋め込まれているということである。

つまり、子どもはどういう人に養育されたかで、心の在り方が違ってきてしまう。

しかし、それぞれに、心は成長する。最高の自分に成長発展していく。

これが「環境をつかまえる」ということである。

アメリカの心理学者ケーガンは、ウィニコットの概念を拡張して、生涯を通しての成長を、「環境をつかまえること」holding environmentの連続と特徴づけた。【註20】

ケーガンの言う「しっかりとした保持」good enough holdingは、成長の本質である。

環境につかまえられて振り回されない。自分が環境をしっかりとつかまえる。

先の夫婦のケースでいうと、どういうことであろうか。

夫は妻に関心を持ってあげることである。

あなたが他人に与えることができるもので一番偉大なものは、関心を持ってあげることである。【註21】

先に書いたように、「俺がそばにいるから」と妻に言ってあげることである。それが環境をしっかりつかまえるということである。

そう言えれば、家族を取りまく環境は変わってくる。

しかしお互いに相手の関心を求めているうちは、過酷な環境に変化はない。

過酷な環境は、天から与えられたもので、どうすることも出来ない。

ひどい暴力をふるう親に当たる子どもがいる。

心優しい親に当たる子どももいる。

レジリエンスのある子どもは、そのいろいろな人間関係の中で自分を愛してくれる人を見つけ、好意を獲得する。

冷酷な人と優しい人とを見分ける。

レジリエンスのある人は、接する人を選んでいる。そこが彼らの生きる知恵である。

世の中にはいろいろな人がいる。

詐欺師もいれば、慈善活動に生涯を捧げる人もいる。心の優しい人もいれば、血も涙もない冷たい人もいる。

レジリエンスのある人が選んで接するのは、搾取《さくしゅ》する人ではない、愛する能力のある人である。その人たちとの心の触れ合いで成長していく。

要するに、レジリエンスのある人の人間関係は、蕾《つぼみ》が開くように時間をかけて開かれていく。

むやみやたらに、出会う人すべてから愛されようとしない。心を通わせ合う相手を選ぶ。そして、その人間関係を活用して、人生の可能性を広げていく。

レジリエンスとは、そのようなことの積み重ねが生み出すものであり、条件さえあえば誰でも作りだせるようなモノではない。【註22】

親子関係が重要なことは、論を俟《ま》たない。

しかし、思春期にどういう種類の人と接するかも極めて重要なことである。

親子関係で挫折した人は、思春期の友人の選択も間違えることが多い。そうして自分の人間関係のよりどころを間違える。

たとえばメダカが小川にいないで、クジラのいる大海にいたなら、やることなすこと全て上手くいかなくなり、生きるのが苦しいだろう。

生きる目標を失い、屈辱に次ぐ屈辱で心が張り裂けてしまう。

人間関係のよりどころを間違えていることに気がつけば、彼らは蘇るための可能性をつかむことができる。

レジリエンスのある人は、過去の失敗を繰り返さぬようにしながら、自分にない何かを模索し続ける。そして、彼ら特有の豊かな共感能力によって、新たな人間関係や可能性を拓いていくのである。【註23】

●マザコン夫の心を操るコツ

59歳の女性、夫も同じ59歳。
36歳の娘と、35歳の息子がいる。
夫は次の誕生日で定年退職になる。
夫の母親は、まだ元気である。
夫は母親のところに三日に一回は行く。
妻である彼女は、だんだん目が悪くなってきた。
視野が狭くなった。ものが歪んで見える。矯正しても視力が0・1になった。
彼女は夫に、「私の杖になってほしい」と言う。それはもっともな願いであろう。
ところが「そんなことはしてくれない」と彼女は言う。

夫は昔から子どもをかわいがらない。

夫は変わり者だと彼女は言う。

他人といるのが好きではない。

自分の考えが一番正しい。友達はいない。職場でも人間関係がない。それが夫だと彼女は言う。

「自分一人なら働かない、家族がいるから働いている」と、恩着せがましい。

「私は諦めた」と彼女は言う。

一つ言うと十返ってくる。

車を運転していると、いつも人を批判している。

テレビを見ながら、出ている人を批判する。

この夫は、妻が何を言っても全て文句と受け取る。

彼女に言わせると「親が命」である。

夫の母親も同じことで、「子どものためには火の中、水の中」である。

夫はとにかく人からほめてもらいたい。

ほめ言葉以外は全て批判と受け取る。

逆におだてれば何でもその気になる。おだてられれば木の上にでも登る。

おだてられていないと機嫌が悪くなる。

要するに夫は愛情飢餓感が強い。

愛情飢餓感の内容は、近親相姦願望の病理である。

いつもほめてもらいたい、独立できない、ナルシシズムが解消されていない。

ナルシシストは自己陶酔しているが、実は心の底では外界に怯えている。ビクビクしている。だからほめ言葉以外は批判に聞こえる。

何を頼んでも文句をいう。頼んだことを素直にはやらない。

ナルシシストにとって頼まれることは、侮辱に感じることがある。

彼女は疲れて「もう夫と会いたくなくなってきた」という。夫は近親相姦願望の病理におかされているのだろうが、59歳にもなって妻から不安の材料を投げかけられていたら、滅入ってしまう。

そういう人だからこそ、もし結婚生活を続けていこうとするなら、彼女はレジリエンスを必要とする。

どういう態度がレジリエンスのある人の態度か。

「まだ私、見えるんだ」と言うのである。

そう言えば、夫の気持ちは変わってくる。

「私、目が見えなくなってくるのよ」と言われたら、心理的に幼稚な夫は逃げたくなる。

逆に彼女がレジリエンスのある人のように、

「よく考えてみたら、私は運が強いんだよね」と言ったらどうなるか。

そう言ってくれれば、夫は滅入らない。レジリエンスのある人のように前向きに考える。

夫が母の家に行く時に、「これ持って行ってあげて」と言う。

夫はいつも人を批判している。

つまり、彼は心の底ではいつもビクビクしているということである。いつも憂鬱になっている。

ところが、母親は妻のように暗いことを言わない。

この女性が明るいことを言えば、夫も母親から離れていく。

「私は運が強いんだ。世の中には見えない人もいるんだもの」と考えたら、家の雰囲気は違ってくる。人間関係も違ってくる。

「歪んで見えるだけで、日常生活には差し支えないわ」

こういえば夫は離れていかない。
今の状態では、夫にとって母親よりも妻の方が重い。
「これだけ出来る私」と考えて、それに感謝する。それがレジリエンス。
「私が作ると、夫は食べない」と彼女は言う。
この夫の問題は、簡単に解決する。
彼女が元気でいるだけでよい。
そうすれば心理的に幼稚な夫は安心する。
彼女がレジリエンスを育成する、強くなることで問題は解決する。
「目は大丈夫よ。進行していないから」
幼稚な夫と一緒に生活するためには、元気が第一条件である。
多少足が痛くても、「大丈夫よ」と言う。
いやな気持だったら歌を歌っている。
「私が不安だから、そばにいてほしい」
これでは、幼稚な男との生活は駄目。
暗いムードを重く感じて逃げ腰になる。

レジリエンスのある人も、このような場合に心のゆとりがあるわけではない。

今、書いたように、スムーズに会話ができるわけではない。

レジリエンスのある人だって、彼女と同じように、疲れて「もう夫と会いたくなくなってきた」と言いたい気持ちにもなる。

確かに風前の灯火だが、レジリエンスのある人は何とか内的な均衡《きんこう》を維持できている。

心の安定がかろうじて保たれている。

そこが単に生き延びただけの人とは違うところである。【註24】

ただ、レジリエンスは結果ではなく、成長の過程である。

レジリエンスについていろいろなことを読んで、「こんなこと私に出来るわけがない」と投げ出さないで、自分もまた、このようなレジリエンスのある人になる過程なのだと理解すればよい。

●高い自己評価を自分に与え続ける

すでに説明したようにレジリエンスとは、情緒的に困難な経験に対して受け身ではなく、積極的、能動的に対処することである。

そして柔軟に問題を解決することである。

起きた問題にリアクティブ（Reactively）にでなく、プロアクティブ（Proactively）に対処する。

それが「目は大丈夫よ。進行していないから」という言葉である。

プロアクティブに対処するとは、動き回ることだけではない。

元気でいることもプロアクティブな反応である。

そしてこの幼稚な夫と何とか生活を一緒にやっていかれれば、やがて「私は凄い」と自己評価できる日がくる。

夫を杖にするのではなく、自分の中に「心の杖」ができあがる。

レジリエンスのある人はこのようにして、恒常的に高い自己評価を自分に与え続ける。何もしないで誰かがほめてくれるのを待っていても、高い自己評価は生まれてきはしないのだ。

「あー、何で私はこんなに運が悪いのだろう」と結婚生活と夫を嘆く。これがリアクティブである。反応的対処である。これでは前に進めない。

前にも述べたが、レジリエンスのある人は、感情的に失望しているにも拘わらず、希望に満ちた世界観を作る。

先の幼稚な夫の妻は、それができなければ離婚するしかない。そうしなければ今後も毎日嘆いて人生を終わる。

もちろん相手に問題があるのだが、一方で相手の悪い面を出させているのは自分であるという時もある。そこが分からないと、心理的に幼稚な二人は仲良くはなれない。

相手を見るとは、ただ相手を批判することではない。

「大人になった幼児」の夫と、「大人になった幼児」の妻とでは結婚生活は上手くいかない。

レジリエンスのある人の逆である。

●「批判すること」にエネルギーを使うのをやめる

レジリエンスのある人は、効果的に自分のエネルギーを使う。持っているエネルギーの量が違うのではなく、その使い方が違う。

私が考えるに、彼らは「自我価値の防衛」にエネルギーを使わない。つまり人を批判したり、嫌がらせをしたり、操作することにエネルギーを使わない。

人を批判しても何の意味もない。現実は悪化するだけで、問題は何も解決はしない。無益であるのになぜ人の批判を繰り返すのか。それが神経症というものである。

つまりレジリエンスとは、神経症の反対なのである。

レジリエンスのある人は、ポテンシャルが高い。

子どもの成長に対する生育環境の影響についての特に珍しい研究がある。カリフォルニア大学デービス校の心理学者で「レジリエンスの母」といわれるエミー・ワーナーは、32年間にわたり、698人の「ハイリスクの子ども」のグループを研究した。【註25】

ハワイのレジリエンスのある子どもには、共通性があった。

それは自分が持っているものを使うということ。

ポテンシャルが低い人が、神経症者。

ポテンシャルが高い人が、レジリエンスのある人。

とにかく自分の能力を生産的に使う。

人は、どれだけの能力を持っているかが問題なのではない。持っている能力を使うか、使わないかが問題なのである。

ストレスに弱い人は、能力を間違って使っている人である。
神経症者は人を操作するためにエネルギーを使っている。
レジリエンスのある人は、神経症になるような人と正反対の能力の使い方をしている。

●うつ病者とは自分を偽って生きるのに疲れた人

神経症的傾向の強い人は、嫌いなことばかりを一生懸命にやってきた。
そうして生きてきて、心身ともに疲れ果てている。
楽しいことは何もなかった。
何か楽しいことがあれば、もっとエネルギーが湧いてくる。
「この困難を乗り越えよう」というエネルギーが湧いてくる。
うつ病者も、楽しいということがなかった。
だから、いったん倒れてしまえばもう立ち上がれない。
もう自分を偽って生きていけなくなった。
うつ病は、「私はできません」という反応である。

人生で起きるよくないことに、前向きな解釈をするのはエネルギーがいる。神経症やうつ病の人はもう「疲れている」。

心身ともに消耗している人に「もっと楽観主義になれ、前向きになれ」と言っても無理な話である。

レジリエンスのない人が、ある人とトラブルになる。

そんな時に、次から「あのタイプとはこうしよう」という反省をしない。

そうするエネルギーは、外との戦いにではなく、我慢することに使われてしまった。

●自分自身を知るために生きてゆく

レジリエンスのある人は、成長そのものを目的としている。つまり、マズローのいう成長動機で動いている。

マズローはいう。

「自己実現している人は、自分の潜在的可能性や適性や創造性を活かし、自分自身を知ろうという必要性によって生きている。

その結果ますます人格が統合され、ますます自分が真に何者であるかに気がつく。ますます自分が本当に望んでいるものは何かに気がつく。

あるいはますます『自分の使命、職業、運命を自覚するようになろうとする欲求』を持つようになる【註26】」

自分に気づくためには、自己実現することを積み重ねて生きることである。

成長動機で動いている人は「他人に頼ることが少ないので、両価的になることはまれで、不安や敵意も、賞賛や愛情を求めることも、少ないのである【註27】」。

●なぜ人は自由から逃げたがるのか

困難は嫌だ。

失敗は嫌だ。

成長することを拒否している人は、必ずそう思っている。

困難は必ず成長とセットでやってくる。そこから逃げることは、成長しない道を選ぶのと同じである。

自由は人を解放したが、救済はしない。自由には責任がともなう。

だから人は自由から逃げる、逃走する。

レジリエント・パーソナリティーの人は、その自由から逃走しない。

喜びと困難がセットになっているのは当たり前のことと知っている。

「成長には不安と混乱がともなう」とアメリカの心理学者ロロ・メイはいう。

レジリエンスのある人は、そのことを心得ている。

同じ種類の失敗を繰り返す人がいる。

パターン化した困難は、その人の弱点を教えている。

たとえば、アルコール依存症の夫の妻がその例である。

もうアルコール依存症の男は嫌だと離婚しておきながら、また別のアルコール依存症の男と再婚する。

パターン化した困難は、その人が心に深刻な問題を抱えていると教えている。

しかし、困難が教えてくれることに耳を貸さない人が多い。だからいつまでたっても同種類の困難は続く。

レジリエンスのある人は体験から学ぶ。

●社会の中での自分の位置を理解した方が得をする

レジリエンスのある人は、自己中心的ではない。

自己中心的とは、人が自分のために存在していると思っていることである。

自己中心的な人は、人間にそんなこと求めても無理というようなことを身近な人に求める。つまり神経症的要求をするのである。

神経症的要求とは、精神分析家のカレン・ホルナイによれば、それにふさわしい努力をしないで、それを求めることである。

神経症的要求を持つ人は人間関係が悪化していく。

レジリエンスのある人は、社会の中で自分の位置を知っている人。だからエネルギーの使い方が効率的である。

自分の位置を知っているから、人からの思いやりを得られる。人からの好意を得られる。

人間関係がスムーズに行く。望ましい人間環境が次々に出来る。

レジリエンスのある人は、自分の立場が分かっている。

たとえば、忙しい人に3分会えたとする。その時に、こんなに長い時間を会ってくれたと思って感謝をする。

自分と相手とでは、時間の価値が違うということが分かっている。

逆に、神経症の人は立場が分かっていない。自分のいる場所を間違えている。

自分のいる場所を間違えていない人は、そこで人間関係が出来てくる。

しかし自分のいる場所を間違えている人は、そこで持続的な人間関係を形成できない。

精神科医のフロム＝ライヒマンがいう「対象無差別に愛情を求めること」の逆がレジリエンスである。

同じ体験をしても、レジリエンスのある人は「一生かかっても恩を返しきれない」と思う。その感謝の気持ちで幸せになれる。

「あの人がこんなことをしてくれた」と感謝する。

あの人と自分との関係が分かっている。

あの人は自分の母親ではない。

その母親でない人が「こんなことをしてくれた」と感謝する。

同じ体験をしても、レジリエンスのない人は、「バカにされて悔しい、殺してやりたい」というほどの恨みを感じる。

註釈

【註1】"A process that builds on itself over time" Gina O'Connell Higgins, *Resilient Adults-Overcoming a Cruel Past*, Jossey-Bass Publishers San Francisco, 1994, p4.

【註2】"Shibvorn does not consider herself a victim as an adult." 同前、p62.

【註3】"This will either kill you or it will make you very strong." 同前、p60.

【註4】同前、p61.

【註5】同前、p48.

【註6】"Both Dan and Shibvon certainly believe that the truth shall set you free. There is a better place to be." 同前、p49.

【註7】"Whether I win or lose in whatever the situation is, I just feel good about the style in which I approach it." 同前、p62.

【註8】"He has achieved a highly differentiated and integrated sense of self." 同前、p62.

【註9】"Thus altruism holds great transformative potency and may be essential to one's healing from horrific abuse." 同前、p64.

【註10】"Finally, Dan feels that surmounting such potentially cataclysmic cruelty has rendered him unusually strong." 同前、p64.

【註11】David Seabury, *Stop Being Afraid, Science of Mind Publications,* Los Angeles,1965, 加藤諦三訳『問題は解決できる』１９８４年、三笠書房

【註12】同前、p68.

【註13】同前、p69.

【註14】"The resilient see their current lives as the history of their own overcoming." 同前、p70.

【註15】Gina O'Connell Higgins, *Resilient Adults-Overcoming a Cruel Past,* Jossey-Bass Publishers San Francisco, 1994, p69.

【註16】同前、p70.

【註17】同前、p69.

【註18】"The resilient see their current lives as the history of their own overcoming." 同前、p70.

【註19】"The resilient are characterized by a deeply held conviction that that deserve love." 同前、p125.

【註20】同前、p71.

【註21】Bill Moyers, *Healing and Mind,* Public Affairs Television. Inc., 1993, 小野善邦訳『こころと治癒力』草思社、１９９４年、３８３頁

【註22】"In sum, resilient relationship unfold, become selectively internalized, contribute to an extensive vision of life." "Thus resilience is a cumulative process, not a product, and it open to all in some measure." 同前、p126.

【註23】"Refusing to repeat the past, they sustain outside relationships that are often enriched by their unusual, highly gratifying empathic capacity to march a mile in another's moccasins." 同前、p130.

【註24】"Unlike the term survivor, resilient emphasizes that people do more than merely get through difficult emotional experiences, hanging on to inner equilibrium by a thread." 同前、p1.

【註25】Marlane Miller, *Brain styles*, Simon & Shuster, Inc., 1997, pp33-34. 加藤諦三訳『ブレイン・スタイル』講談社、１９９８年、74—75頁

【註26】Abraham H. Maslow, *Toward A Psychology of Being*. p40.『完全なる人間』上田吉一訳、誠信書房、１９６４年、57頁

【註27】同前、57頁

第3章

戦う心がもたらすもの

●過去のふるまいのツケが今の悩みである

「悩みは昨日の出来事ではない」
これは精神科医のベラン・ウルフの有名な言葉である。
今、悩んでいることは、かなり前にその悩みの種を蒔いている。
次の話はその例である。
義母と揉めている嫁である。
現在、妊娠3カ月である。
夫は単身赴任で外国にいる。
義母は「自分の家の近くに住んでほしい」と言う。
そこで家賃の高い家に住まなくてはならなくなった。
彼女は夫と義母に不満になる。
「夫は自分の意見をいわない」と彼女は言う。
「夫はお義母さんのことばかり」と彼女は言う。

保険金受取人も自分ではなく義母になっていると、彼女は不満である。

夫は「お母さんの名義のままにさせてほしい」と言う。

義母は「嫁に子どもができるまでは母親名義のままにしてほしい」と言う。

彼女の相談は、具体的にいうと「義母との同居の圧力がある」ことである。

今は実際に同居していないのだから、問題は「圧力」である。

「夫はマザコンで、私は犠牲者」と彼女は言う。

すでに述べてきたように、地獄の火あぶりに耐えてきた人でも、レジリエンスのある人は「私は犠牲者です」と言わない。

ところが彼女は、現在の何もまだ起きていない平穏な生活の中にいても、「私は犠牲者」と言う。

義母の方は「息子と嫁に裏切られた」と言う。そして「私は死にたい」という決まり文句が始まる。

息子夫婦と同居していない今の状態で、すでに「どうしてよいか分からない」と、この義母は嘆く。

嫁も義母も、二人ともレジリエンスのない人である。

レジリエンスのある人は、自分を犠牲者とは見ない。

先に例に挙げた少女シーボンは、地獄に生まれて、殺されるような虐待のなかで成長しても、大人になって、大人として自分を犠牲者とは見ていない。【註1】

少年ダンも同じである。

父親から殴る蹴るの虐待を受けて、殺されそうになった自分を犠牲者と見ていない。

単に生き延びたというだけではなく、困難を克服して最高のものを得たと思っている。

ダンは、自分を犠牲者ではなく成功者と見ている。

犠牲者とは、自分はものすごく過酷な体験をして、それを乗り越えられなかったばかりでなく、その痛みと苦しみの中に閉じ込められたと思っている人である。

だから、ダンは「私は犠牲者ではない」と思っている。自分が犠牲にならねばならぬようなことは、自分の人生には起きていないと思っている。

それに対して、先の嫁と義母は、明らかに自分を犠牲者と見ている。

それは受け身だからである。

常に何かしてもらうことを考えているからである。

保護してもらえなければ、「私は犠牲者」となるのである。

この嫁は、受取人が義母になったままの保険金について「私にくれると言ったじゃない」と言う。

この言葉に、この女性の心のドライさがある。

「ちょっと待ってくれないかな」と夫は思っただろう。

義母は60歳である。

嫁は、自分を安心させてくれない夫の態度に、義母の意思を感じている。

母親から同居したいと言われて「そうしよう」と夫は思った。

嫁の方はもちろん反対である。

しかし、結婚前に「将来的には同居してもいいわ」と言ってしまった。

もし夫が強引に自分の意思で結婚をしたなら、こうはならなかった。

マザコンの夫は、誰かのリーダーシップがないと結婚までいけない。

義母もレジリエンスのある人ではない。

レジリエンスのある人は、どんな時でも常に積極的なことを探している。

もし義母がレジリエンスのある人なら「よかった、息子に嫁が来てくれた」となるはずである。ところが、そうはならない。

つまり、この嫁の方から積極的に結婚しようとした。

嫁がレジリエンスのある人なら、それを認める。

この嫁が「私の方が彼を一方的に好きであった」と思えば、トラブルの状況は違ってくる。環境をつかんでいるからだ。

それを認めれば皆の気持ちが違ってくる。

周囲の人を操作して「ようやく結婚できた」と思った時に、この嫁は変わった。

彼女は周囲の人を操作して目的を達成したのだ。


レジリエンスのあるダンは、何よりも自分に誇りを持っていた。

そして「私は人を操作しなかった」という【註2】。

そこが彼の誇りにつながるのであろう。だからいつも気分がよい。イライラがない。

ところが、いつも人を操作しているこの嫁の方は、夫を好きでも、彼女の心の中にイライラがある。

彼女は、心の底では夫に対して「何でお母さんのいうことばかり聞くのよ」という思いがある。それで腹立たしくなる。

問題は、彼女のこの感性である。

いつも自分が一番大切にされないと不満である。

自分が人を大切にしようという気持ちはない。

この嫁がレジリエンスのある人であれば、どう思うか。

「今、外国にいる夫が元気で帰ってきてくれればいい」と思う。

そう思えば、周囲の人間関係は違ってくる。

夫は好き嫌いがあまりない。大切にされた時に、その人を好きになる。

これがマザコン。

この嫁は、夫の家族をバラバラにする。

操作する側に、将来に向けての一貫した意志がないからである。

「この今の人生が、思うようになればよい」というこの嫁は、将来を考えていない。

「今がよければよい」というのはレジリエンスのある人の発想ではない。

レジリエンスのある人は、ものごとを長い時間的枠組みの中で考える。

この嫁には、これから先の人生の中で、今まで「人を操作してきたこと」のツケが来る。

それは恐ろしい。

だから、夫が元気で外国から帰ってくるのを待つ。

「もっと、もっと」を望まないで今に感謝をする。

そうしたレジリエンスのある人の態度になれば、彼女の人生は拓ける。

なぜ義母は「裏切られた」と言ったか。

嫁が結婚前によい顔をしたからである。

この嫁は人を操作する。

この嫁は心に葛藤があり、息子はマザコン。

二人の間にトラブルが起きるのは当たり前である。

人を操作する人は豹変する。

悪徳不動産屋のようなものである。

猫なで声で「お客様に幸せになっていただきたい。それが私の願いです」と言っていた人が、重大なクレームに手のひらを返す。

「口で言うことを信じるのかよ、馬鹿じゃないの」と突然、大声で怒鳴り出す。

「人を操作する人は豹変する」というのは、「心に葛藤がある人は豹変する」ということである。

ところが神経症的傾向の強い人は、その心に葛藤のある人のいうことを、その時その時でそのまま受け取る。

「ひどい目にあった」という被害者意識の人は、その種をどこかで知らないうちに蒔いている。

だから心に葛藤のある人は、「私は犠牲者」という。

ベラン・ウルフの言う「悩みは昨日の出来事ではない」とは、こういうことである。

過去に蒔いた悩みの種が、今、花開いたのである。

逆にレジリエンスのある人は、今、辛くても、その時に幸せの種を蒔いている。

いつかそれが幸せという花を咲かせる。

●「受け身の人」の人生はなぜうまくいかないのか

「自分はこんなに被害を受けた」と言ってばかりいる人がいる。

しかし、もしそれが本当なら、その被害を乗り越えて、自分が今日あることを誇れるはずである。

それだけの困難を乗り越えて今日、自分があるのは、その人の素晴らしい力の証明なのである。

そのように自分の過去を誇れないで、被害を受けたことばかり言っている人がいる。その人はもしかすると、実際にはそれほど被害にあっていないのかもしれない。

いつまでも文句をいう人は、単に神経症的愛情要求が強いから、被害にあったように思い込んでいるというだけのことかもしれない。

もう一つの可能性がある。

受け身の人である。

相手との関係を常に被害者意識で解釈する。

そうでなければ、周囲の人から受けたひどい仕打ちを思いだしながらも、「それを乗り切った私」に対する誇りがあっていい。

人生にはいろいろなトラブルがある。問題は、そこから何を学ぶかということである。

「あの人からこんなひどい仕打ちを受けた」ことから、「自分は何を学んだか」ということである。

レジリエンスのある人は、どのような経験であれ、自分の経験から多くの情緒的なものを

獲得する。【註３】

ヒギンズは「レジリエンスのある人は、少ないガソリンで走行距離が長い」と言っている。ガソリンが体験である。

いつまでも文句を言っている人は、ガソリンが満タンなのに走らない車みたいなものである。エンジンが故障している。

ヒギンズの著作に出てくる少女シーボンは、いつも母親から「お前は腐っている、お前は馬鹿だ」と言われていた。【註４】

でもシーボンは、いつも聞こえてくるその声を信じなかった。

ある日本人女性は、母親に「お前は学年一のブスだ」と言われて立ち上がれないほど傷ついた。そしてそのひどい母親の支配から逃れられなかった。

シーボンは、そこがすごい。

普通の人は、その破壊的メッセージで生涯を苦渋に満ちたものにしてしまう。

おそらく、本当にひどい親だから「信じなかった」のであろう。

恩着せがましい親なら、先ず自分は素晴らしい親だと子どもに思い込ませて、その上で「お前のために、私は苦労している」という。

父親の性的虐待が始まってからも、「私はいつも私の人生を計画していた。私はいつもそこから出ようとしていた。もっとよいところに行こうとしていた」と言う。【註5】

シーボンは、7歳になる時には「どこかもっとよいところがあると知っていた」という。【註6】

健康な人は、環境の勝利者である。働き、愛し、遊び、そして生じてくる問題を効果的に解決する。【註7】

レジリエンスのある人は、自分は過去に犠牲者であったと認識しながらも、同時に自分を今は犠牲者と見ていない。

むしろ、それよりも自分は幸せのエージェント「agent＝代表者」であると信じている。

●過酷な環境を生き残った者の誇り

「私は自分を犠牲者と見ない。私は生存者だ。最善を尽くして困難と戦い、栄えたもの以上の存在である」

これは、先に例に挙げた少年ダンの言葉である。【註8】

ダンは父親の殴打が怖かった。殺されると思った。

その過酷な環境で生き延びたダンは、「私は成功者だ、犠牲者ではない」という。【註9】

「犠牲者とは、過酷な逆境の中で立ち上がれない人である。痛みと苦しみに閉じ込められている人である。私の人生に起きたことではない【註10】」

全てを呑み込む洪水のような残酷さの中で、彼は殺されるよりも強くなることを選択し、生き残った。

そして彼は自分に誇りを持った。

先の義母の家の近くに住むということだけで、実際に同居してもいないうちから「私は犠牲者です」と言っている嫁は、どうしても自分に誇りを持てない。

ダンは「私はどのようなことでも向き合える」と言っている。【註11】

●逆境から逃げる人の末路

私は以前、『人生の重荷をプラスにする人、マイナスにする人』（ＰＨＰ文庫）という本を書いた。

その本に書いたことの一部を、レジリエンスという視点から考えてみたいと思う。

すべての人が周囲の人からひどい仕打ちを受けているわけではない。

自分がひどい仕打ちを受けてしまうのは、もしかしたら自分の側にも何か問題があるからかもしれないという反省が必要である。

その反省がなければ、いつまでも同じようなひどい仕打ちを受け続けることになる。

確かに世の中には、一生懸命働いても一向に経済的に楽にならない人が沢山いる。

真面目に生きていながらも、なぜか不幸が続いてしまう人も多い。

贅沢もしないでただただ真面目に働き、節約して貯めたお金を、誰かに騙されて吸い上げられてしまうような人がいる。

コツコツと働き、毎月几帳面に貯金をし、貯まったところで、親戚から「お金を貸してくれ」と頼まれて貸してしまう。そしてその後、お金は返ってこない。

またコツコツと生真面目に働いて努力してお金を貯める。

しかし今度は、事業に失敗した兄から頼まれて貯金をはたいてしまう。貸したくないのだが断われない。

一生真面目に働きながらも、財産といえるようなものはない。しかもそれだけ人のために尽くしながら、誰からも感謝されない。

親戚の人に会っても、彼らは「有難う」一ついわない。

兄に会っても「迷惑をかけたな」という言葉一つない。

こんな時に「あんなにしてあげたのに、有難う一つ言わない」とその親戚の人や兄を恨んでいても、事態は一向に改善されない。

おそらくまた同じような何かが起きる。

たとえば娘の夫が仕事を始めるに当たって、借金の連帯保証人になってくれと頼まれる。

「絶対にお父さんには迷惑をかけません」と言われて、よく調べもしないでハンコを押す。

そして結果はどうなるか。

たいていは自分たちが住んでいる家屋敷まで、借金のカタに取られてしまう。

一生真面目に働き、何も悪いことをしないで、人のためにお金を使い、その上で周囲の人に舐められて、軽く見られている人は多い。

コツコツ働いたお金を全て、人に吸い上げられて、それでいながら誰からも尊敬も感謝もされないという人がたくさんいる。

離婚した親戚の子どもの養育費を、毎月送りながら生活していた人がいる。真面目で正直で努力家である。自分は飲みたい酒も飲まないで節約しながら、姪をせめて高校だけは卒業させてあげなければと、頑張って仕送りをしていた。

それだけ日々人のために努力しながらも、姪は卒業しても感謝を表さない。

会ってもやはり「有難う」を言わない。

その母親も「有難う」を言わない。それどころか、高校を卒業してから仕送りを止めたことを不服にさえ思っている様子である。

この人はどこかで「自分の生き方に問題があるのではないか」という反省をしなければ、またこのひどい仕打ちは繰り返される。

死ぬまで働いて、死ぬまで搾取され続ける。

先に挙げた少女シーボンは、搾取され続ける側から抜け出すために大切なことを述べている。

「私の持っているものの中で最大のものは、決意である」【註12】

死ぬまで働いて、死ぬまで騙され続ける人には、この決意がない。

今、述べたような真面目な人で、働き続けて騙され続けて、その上に周りの人から馬鹿にされ続けてしまうのは決意がないからである。

「やり返そう」ともせず、被害者意識で物事を解釈している人は、もともと自分が正面から直面しなければならない困難と戦わなかった。

逆境を乗り越えたのではなく、むしろ逆境から逃げた。自分が周囲の人に気に入られたいから、無意識のどこかに自分から、ずるい人を引き寄せた部分があったに違いない。

経済的に利用されてしまう人、心理的に虐待される人、すぐにだまされる人、それらの人にはやっぱりどこか弱さがある。その弱さに、ずるい人から付け込まれるのである。

まさに、ずるさは弱さに敏感である。

●戦わない人は舐められる

世の中にはずるい人は沢山いる。

ずるい人は皆、弱い人を食い物にして生きていこうとしている。

弱い人は、基本的には淋しい人なのかもしれない。

そこで相手の好意が欲しくて、ついつい失礼な要求にも「いい顔」をしてしまう。断わって「冷たい人」とか「利己的な人」と言われるのが怖い。

戦わないでいると、自分が舐められていることに気がつかない。嫌われることが怖くて、他のことは考えられない。

ただ「好かれよう」とばかりして、相手を見る心のゆとりがない。

淋しいから誰とでもいい関係でいたい。

そういう人は自我の確立がなくて、孤独に弱い。

アメリカの心理学者ダン・カイリーは「孤独は商業主義のカモである」と言うが、「孤独は商業主義のカモ」であるだけではない。「全てのずるい人のカモ」である。

たとえばこうして長年、人から利用されてばかりいる人が、

「自分は愛情飢餓感に苦しめられているのだ」

「自分は心理的成長に躓《つまず》いている」

などと気がつかないかぎり、また同じように誰かに利用される。

これらの事態は、レジリエンスのある人が成長する過程で乗り越えなければならない逆境とは違う。

むしろ本当に直面しなければならないことは、自分はこれらの人々に軽く見られているという現実である。

困難を乗り越えるということは、人から嫌われたくない、気に入られたいという自分の弱さに直面して、それを乗り越えるということである。自分について熟知している人が、困難な環境を乗り切れる。厳しい状況を切り抜ける。

淋しい人は「お金では感謝も尊敬も得られない」ということが分からない。感謝や尊敬が欲しくて、それを求めてお金を使ってしまう。

「頭を下げても感謝も尊敬も得られない」ということが分からない。

今、述べているような人と、レジリエンスのある人とどこが違うかというと、それは劣等感があるかないかである。

いつも騙される人、いつも軽視される人には、深刻な劣等感がある。だから、相手のそれらの行動を許してしまう。

全ての行動はその劣等感を癒すための行動である。

その点に気がつき、レジリエンスのある人に学ばなければ、地獄から抜け出すことは出来ない。

カモにされて利用されていることを、仲間から頼られていると解釈する。感謝や尊敬が欲しくて、やたらに頭を下げてしまう。

周りに集まってくるのは質《たち》の悪い人ばかりである。

だからお金を使っても使っても、皆から軽く見られるのである。頭を下げても下げても、皆から心の中では侮辱されるのである。

ずるい人にとって、弱い人間は決して尊敬や感謝の対象にはならない。どんなことをしてあげても尊敬や感謝の対象にはならない。固有の人間として扱われない。利用の対象にしかならない。

●ファイティング・スピリットこそ「よい人生」のカギ

弱い人、つまり愛情飢餓感の強い人は、すぐに相手を恨む。そして相手を恨むことで、今までの自分の苦労を水の泡にしてしまう。

こういう人たちは、自分の人生は困難に満ちていると思っている。

それは間違いである。

自分の弱さが困難を招き、自分で自分の首をしめて「苦しい、苦しい」と言っているに過ぎない。

直面すべき困難とは、自分の内なる愛情飢餓感である。

人を恨んでいる人に必要なのは何よりも戦う心、ファイティング・スピリットである。

何よりも、レジリエンスのある人の心に学ばなければならない。ファイティング・スピリットを育成しなければならない。

自動車にたとえれば、エンジンが故障しているのである。エンジンの故障がすなわちファイティング・スピリットの欠如である。

小さい頃から虐待に耐えて立ち上がった少女シーボンの言葉がある。

You can fight back.（やり返せ）。

ずるい人は、シーボンのような人には近寄らない。

母親からいつも拒絶され、「お前は腐っている、馬鹿だ」と言われても、母親の言葉を信じなかったシーボンなら、そんなずるい人に迎合してお金を出さない。質の悪い人に騙されない。

シーボンなら、ずるい人が寄ってきても「こんな人たちに気に入られても嬉しくない」と思ったであろう。迎合しなかったろう。

こういうずるい人たちに次々にかかわってしまう「私」に問題がある。

長年にわたって騙され続けてきた人たちは、自分の弱点に気がついていない。いつも人を恨んでいる人たちは、自分の弱点に気がついていない。

いいように人から利用され続けてきた人たち、苛められ続けてきた人たち、そういう人に必要なのは、シーボンの言葉である。

You can fight back.

さらにもう一つ、次の言葉が必要である。同じくシーボンの言ったことである。

The resilient want a good life.（よい人生を望む）。

よい人生を望むなら、ずるい人を拒絶することである。善人の仮面を被ったずるい人を拒絶することなしに、死ぬほど努力しても意味はない。

●相手が見えないから自分の弱さも分からない

ずるい人も、恨まれていると分かれば、それまでは心の底で少しは持っていた「申し訳ないなあ」という感情さえ、跡形もなく消える。

こちらが相手を恨んでしまえば、そのずるい人と同じレベルになってしまう。

その時に「自分はこれだけの心労と大金と時間を彼のために使った。そしてこの結果を得た。もしこの結果から自分が何も得ないなら、まさにこれまでの心労と大金と時間は全て無駄になる」と考えることができたら、次から事態は変わってくる。

そのように考えた時には、悔しいけれども自分の弱さが見えてくるはずである。

まず、ファイティング・スピリットの欠如に気づくだろう。その他にもいろいろと分かってくる。

たとえば、あんなずるい人から好意を期待した自分の愚かさ、卑《いや》しさ。

相手をずるい人と見抜けない自分の観察眼のなさ。

自分のことも相手のことも、全く分かっていなかった。

自分に深刻な劣等感があるから相手が見えないのである。

さらに、自分がこの人生で何をしたいのかも分かっていない。

自己喪失である。

相手を見ないでお金を貸してしまう、自分の判断力のなさである。

もし愛情からお金を貸したのならば、後で結果がどうであれ、そんなに人を恨むことはない。

人を助けることは喜びをもたらすはずである。心の癒しになる、心の励みになる。

それなのに喜びを感じないとすれば、「助けること」のどこかに本質的に間違っているものがある。

本来、人を助けることで心は癒される。助けた後でその人を恨むとすれば、こちらが相手から何かを期待していたのである。その期待したものが返ってこないから、恨むのである。

自分を見つめて見えてくるものは、たとえば心のこもっていない口先だけのお世辞を喜ぶ自分の愚かさかもしれない。

嫌われることを恐れて行動してしまう自分の弱さ、浅はかさかもしれない。そのような自分の愚かさ、卑しさをずるい人間から突かれたのである。

それに、相手に何かを求めてしまうと相手が見えない。つまり相手のずるさが見えない。

そして期待されたことをしないと、相手から責められるような錯覚に陥《おちい》る。

責められていないのに責められているという「被責妄想」に陥る人は、甘えの欲求が満たされていないのである。

甘えたいのに甘えられないから、何でもない言葉や行動に対して、責められていると錯覚するのである。

●人を恨むことは損にしかならない

相手を恨んでしまえば、それまでの苦労や使ったお金やエネルギーが活きないばかりではなく、自分の心理的成長もない。

自分はそこまでいろいろの問題を解決して生きてきた。本当はこれが自信につながるはずなのである。

まさにレジリエンスとは、成長のために困難を切り抜けることである。そして成長し続けることである。

人は困難に打ち勝ってこそ自信がつく。

ところが嫌われるのが怖くて行動してきた時は、自信につながらない。なぜならこの行動は、成長のための行動ではないからである。

レジリエンスのある人と、単なる生存者との違いはそこである。

単に生き延びただけの人と違い、レジリエンスのある人は、情緒的に苦しい経験を切り抜けて、情緒的均衡を危機一髪のところで維持してきたということである。心の安定を失わな

かったのである。【註13】

嫌われることを恐れて行動してきた人は逆である。

その経験の後で心の安定を失っている。

考えてみれば、これまで例に挙げた人たちも、それだけの人生の荷物を解決したのである。「よく解決した」と考えれば自信につながる。

「私が自分から解決した」と考えるのが、レジリエンスのある人である。

あの人がこういう態度を取るから悔しいという気持ちに振り回されない。相手がこういう態度を取るから、ということに影響されない。

レジリエンスのある人は、人の言動に反応しない。

反応しないで「私はこうする」という態度で生きる。リアクティブでない。プロアクティブである。

「あんなにしてあげたのに」と恨めば、人生の重荷を解決したことが自信につながらない。

本人が「自分が解決した」と考えていないで、相手を恨んでいるから、解決したという実感を味わえない。

解決したという実感を味わえない時は、自分の「積極性、自発性、能動性」の欠如を反省することである。

自分は単に、人から気にいられたいために動いていただけだった。「なんでここまで愚かになってしまったのか」と自分を反省する。この反省が「体験から意味を獲得する」ということである。

レジリエンスのある人は辛い体験をした時、そこから積極的な意味を獲得する。【註14】

しかし、辛い体験から積極的な意味を獲得しないで人を恨んでいる人は、また同じように誰か他の人から騙されてお金を使う。

一生無駄にお金を使う。

そのお金が、「自信のある人生」という本来お金で買えないものをもたらすはずなのに、台無しにする。

そして苦労して得たお金を一生浪費し続ける。

この態度がレジリエンスのない人である。

●不満多き人生は「受け身」の姿勢から

ポジティブ心理学の研究者であるセリグマンによると、子どもは自分の能力で不満を解決すると、自分の能力を信じられるようになる。「自分にも出来る」という自信が湧いてくる。「自分の能力で不満を解決する」というと、何かすごいことのように考える人もいるかもしれない。

しかし、そうしたすごい困難とか不満を解決することだけを言っているのではないだろう。

日常的なことへの不満を解決することでも、人は自信を持つものである。

つまり人は、自分の意思をいえなかった時に、不満を持つ。

あのケーキを食べたかったのに、「食べたい」と言えなかった時に、不満を持つ。

その不満を解決するとは、「あのケーキを食べたい」と自分の意思を伝えることである。

この、自分の意思を伝えることが、できない人がいる。これが長年にわたって続くと、愚かな大人になっていく。

困難に際して人に解決してもらうことを続けていると、いつになっても自分に自信がつかない。

よく親は子どものためと思って、子どもに代わって困難を解決してあげてしまう。しかしこれは、かえって子どものためにはよくない。

「その行為は子供の中に無気力を植え付けてしまう」とセリグマンは言う。

このような場合、実は親は子どもを好きではない。親は情緒的成熟に失敗している。

同じようなことを、エレン・ランガーも言っている。

「自分の健康にもっと積極的に働きかける方法はないものだろうか」と問いかけてみることだと薦めている。

それにはまず、「何かあると何も考えないですぐに専門家に相談する」習慣によって奪い去られた、対処能力を取り戻すことだという。

だから受け身でいると、いつになっても自信が持てない。

いつになっても自分を取り巻く環境に不満である。

自分の甘えを満たしてくれない周囲の人に不満である。

いろいろなことをしてもらえると期待したのに、してもらえないから不満になる。

スキーに遊びにいきたい子どもがいる。

雪が降った。

しかし、車庫から家の門までの雪かきをしなければ車は出せない。

この雪かきを親にしてもらうことを期待している子どもの心理はどうなるか。雪かきを誰もやらないためにスキーにいけなければ、不満になる。

ところが自分で雪かきをして出かけようとしている子どもは、雪かきをして出かけられれば満足する。雪かきに時間がかかりすぎて出かけられなくても、諦めがつく。周囲への不満はない。

自分の側から働きかけて人間関係の「いざこざ」を解決した人は、人間関係に自信がもてる。

しかし人から働きかけられて、受け身のままで人間関係のトラブルを解決した人は、その時の問題は解決しても、また次の人間関係でトラブルを起こす。

その時にどうしたらいいか分からない。

そしてまた、相手が解決してくれるのを待つ。

解決してくれなければ相手を恨む。

そしていつになっても人間関係に自信がもてない。

「今から、ここから、自分から」とよく言われるが、これが出来ないのが神経症者である。

うつ病になるような人である。

彼らの特徴は受け身である。何よりもレジリエンスがない。

そしてこの受け身の姿勢が、いつになってもその人に自信を与えない。

受け身とは何よりも「愛を求めている」姿勢なのである。

自分が求められる存在でありたいという願望から出ているのが、受け身の姿勢である。

受け身は愛情飢餓感を表わしている。だからこそ、この受け身の姿勢はなかなか治らない。

愛されて育った人は受け身にはならない。

つまり受け身と自己無価値感とは分かち難く結び付いている。

それは同時に積極性、能動性、自発性の欠如の現象でもある。そして、その背後に愛情飢餓感がある。

ただレジリエンスのある人は、過酷な虐待の中で成長しながらも自分は生きる価値があると信じている。

虐待など、さまざまな地獄の火あぶりを体験しながらも、レジリエンスのある人は「私は愛されるに値する」と深く信じている。【註15】

ただ残念ながら、私たちの多くはレジリエンスがない。

この例に挙げた人たちにもしレジリエンスがあれば、「自分はこれだけの問題を解決した」と能動的に自分の過去を受けとめ、彼らは大変な自信を持てるようになる。

しかし彼らは受け身で「これだけのことを皆にさせられた」と受けとめていたから、それだけ苦労しながら自信にはつながらない。

事態を「やらされた」と受けとめるか、「自分がやった」と受けとめるかの違いである。

●重荷を潔く背負えるかが運命を分ける

ものごとをどう受け止めるかは、その人の心しだいである。

姪に毎月教育費を送って高校を卒業させてあげた人が、毎月教育費を「送らされた」と被害者意識で考えれば、姪とその母親を恨むだけで終わってしまう。

したがって自分の生活を切り詰めながら送った、せっかくのお金は活きてこない。

しかし、自分は「あの姪を卒業させた」と能動的に捉えるならば、その重荷を背負い切ったということで自信がつく。

兄の仕事の失敗の尻拭いを「させられた」と被害者意識で受け取れば、感謝をしない兄を恨むだけで、その人の成長はない。

しかしレジリエンスがあれば、自分は兄の事業の失敗を尻拭いしてあげたと能動的に受けとめ、たとえ兄が感謝をしなくても、神が自分に与えてくれた自分の力に感謝するようになる。

そしてもうそのようなことを二度と繰り返さないであろう。

被害者意識を持つか、持たないかは非常に重大な違いである。

人から感謝されようとしてお金を使うことが全く効果のないものだということを、骨身に染みて分かるからである。この体験からしっかりと学ぶことだ。

愛情から相手を救う、感謝を期待しないで相手を救う、その結果として相手が感謝することはある。

しかし尊敬と感謝を期待してお金を使っても何の効果もない。その場合には大抵は恨みだけが残る。

そしてそのように能動的に解釈して、人の問題を解決してあげたら、その人には「品格」が出る。

歳を取っても味のない顔の人と、味のある顔をしている人の違いは、過去にどれだけ重荷を背負ったかということである。

逆に重荷を逃げる人で、最後に恨みを持つようになる人がいる。

神経症的な人がいつになっても自信を持てないのは、常に安易さを求めているからである。

自分から重荷を背負わない。

自分の重荷を人に背負ってもらおうとする。

そして自分の重荷を他人が背負ってくれないから恨む。

滅茶苦茶といえば滅茶苦茶であるが、実際そういう人はいる。

たとえば人の世話になった人の方が、人を恨んでいる時がある。

他の人よりも要求が多い人、人に迷惑をかけ続けた人、そういう人が人を恨んでいるのをよく見かける。

要するに、人が自分の重荷を背負うのが当たり前と思っているのである。

神経症的要求である。自分のない人である。

●満足をもたらすのは結果そのものではない

口だけで「自信が欲しい、自信が欲しい」と騒いでも自信はつかない。

重荷を背負って苦闘してこそ自信がつく。

社会的に成功していても自信のない人がたくさんいる。

それは重荷を背負わずに要領よく立ち回り、「幸運」で成功したからである。

しかしそんな成功を手にしても、人生を生き抜く上で何の役にも立たない。

そのような成功は心の落ち着きをもたらさない。

しかし重荷から逃げないで正面から背負い、一つ一つ問題を解決した人は社会的に成功してもしなくても自信がつく。心の落ち着きが得られる。

問題は結果ではない。どう対処したかということである。

レジリエンスのある人は、成功しても失敗しても心の安定がある。それは状況にどう対処したかというスタイルに、満足しているからである。【註16】

ダンは何よりも自分に誇りを持っていた。


「私は人を操作しなかった。

私は結果についてそんなに心配しなかった。

それよりも自分の規範を気にした。

私は他人に正直に接した。

そして私は気分がよかった」【註17】

レジリエンスのある人とレジリエンスのない人では、何に満足するかということが違う。

どういうことで気持ちがよくなるかが違う。

何が喜びかも違う。

レジリエンスのある人が大切にするのは、「かたち」ではなく「心」である。

それは彼らが地獄の試練に耐えた人たちだからであろう。

●借金取りから逃げる人・逃げない人

レジリエンスのない人は、無力な自分から目を背けようと、自分の能力を越えた事業を起こす。

人からよく思われたいというだけの動機である。

成功することで周囲の人から褒められたいというだけの動機である。

褒められていれば無力感を意識しないでいられる。

そこで絶えず大きな話をする。

そんないい加減な気持ちで事業を起こすから、もちろん失敗する。そして失敗から何も学ばない。

借金取りが家に来るようになる。そうすると心の底にある弱い自分が表面に露呈してくる。家から逃げてどこかに姿をくらましてしまう。

強いということは、借金取りが来た時に、それを解決する心の姿勢のことである。

たとえば、「自分の父親は借金取りが来ると逃げてしまった」とする。

自分が原因の問題でも逃げてしまうとする。

もしそこで借金取りと交渉をしていれば、子どもはそれを見ていて、物事の対処の仕方を学ぶかもしれない。

しかし逃げるような父親は子どもに対処を教えていない。

子どもは父親から何も学ばない。

レジリエンスのある人は借金取りから逃げない。立ち向かう。

借金取りと面と向かって話をする。顔を合わせる。

そうするから、その体験が貴重な体験になる。生涯忘れられない体験になる。

そうして失敗から学びながら成長していく。

彼らは現実の困難ばかりでなく、情緒的に困難な経験に対して、受け身ではなく、積極的、能動的に対処する。そして柔軟に解決する。

リアクティブでなくプロアクティブである。

何かを経験した時に、情緒的に失望していても、そこに積極的な意味を見いだす。

彼らは、直面したいかなる経験からも、情緒的な有効性を獲得する。【註18】

常日頃、自慢話ばかりしている弱い人間は、そうなると一目散に逃げてしまう。

自立しているということは、そのような困難な事態を解決すべく正面から立ち向かう心の姿勢があることである。

そして解決することで自信が出来る。

何回事業に失敗しても同じことを繰り返す人は、世の中に沢山いる。

それは、弱い人が皆、困難を解決することから逃げているからである。だからいつになっても失敗から学ばない。いつになっても自信が出来ない。

そして困難から何も学ばない。

自分に誇りがないからである。ここが決定的である。

レジリエンスのある人は失敗すれば、真剣に反省する。熟考する。

真剣になるから困難から学ぶ、どのような困難であってもそこから学ぶ。それがレジリエンスのある人である。

●小さなことをきちんとやる

たとえば、失敗した時に、今はその時期ではないと解釈する。

もっと自分に力をつけてから、この仕事に取り込まなければいけないと学ぶ。

素晴らしい人から振られる。失恋をする。

そうすると、今はまだその人と恋愛する時期ではない。自分はその人にふさわしくない。

それだけの人間に成長していない。その人と恋愛をしても、自分のためにならない。

というように、心を立て直す。

全ての物事には天の時がある。

失敗した時。

今は苦労する時期と解釈する。

つけを払う時期と解釈する。

要するにレジリエンスのある人には、常に「学ぶ姿勢」がある。

自分の位置を間違えない。

力がないのに、大きなことをしようとしない。

レジリエンスのある人はセラピーを受ける時も、真剣に取り組む。【註19】

セラピーでは深い自己精査を得る。

セラピーでは、積極的にかかわる。

レジリエンスのない人は、他人任せである。何があっても「何とかしてほしい」と人任せである。病気になっても医者任せである。

日常生活でも、レジリエンスのない人は、自信を持つための生活はしないで、お金と名誉と力を求める。それに寄りかかって、人からよく思ってもらいたい。

とにかく人からよく見られたい。それで自分を悩ます無力感から目をそらしたい。

悩みを解決するために人から尊敬されたい。それで傷ついた心を癒したい。だからまた同じことを繰り返す。

自分の能力を越えたことを始める。

自分の位置を間違えている。

自分の現実の力で生き始めない。

コツコツと自分に力をつけるような地道な活動を始めない。

小さな地道なことを一つ一つ積み重ねていくことが強いことだということが、どうしても、レジリエンスのない人には理解できない。

何事も自分が解決して生きてこないからである。

解決する体験をすれば、そのことが理解出来る。

自信のない人は楽をして大きなことしようとする。小さなことをきちんとできない人に、大きなことはできない。

●トラブルの時に人の本質が現れる

今まで述べてきたように、自信を持つためには、背負ってしまった重荷や、襲ってきたトラブルを積極的に受け止め、逃げないで解決に努力することである。

それともう一つ大切なことは、そのような事態になったことの原因を反省することである。

レジリエンスのある人は、その反省に真剣である。

その真剣さがレジリエンスのない人には欠けている。

何かトラブルが起きるとなんとなく「自分は不運だ」と思って、人を恨んで生きている人は多い。

しかし大切なことは、そのトラブルが起きたことの中に、何か自分の弱さが絡んではいないかと反省することである。そこで自分に気づく。

どのような体験からも学ぶということが、レジリエンスである。

講演を聴いても、レジリエンスのない人とレジリエンスのある人では、講演の意味が全く違う。

レジリエンスのない人は、講演を批判するだけで、その講演から何も学ばない。

レジリエンスのある人は、その講演で必ず何かを学んでいる。同じ大学で同じ講義を聴いても、得るものが違う。

イソップ物語に「旅人と熊」という話がある。

友達二人が道を歩いている。

そこに、突然熊が現れた。

一人は素早く木に登って隠れ、もう一人は、地面に倒れて死んだふりをした。

熊は倒れた方に鼻を近づけて嗅ぎ回したが、彼はじっと息を止めていた。熊は死んだ人には手を出さないというから、そうしたのである。

そして熊が去って行ってしまうと、もう一人は木の上から降りてきて「熊があなたの耳の近くで何か言ってたけれども、なんて言ってたの」と聞く。

すると、死んだふりをしていた人が「熊がね、危険な時に助け合わないような友達とは旅行するなよ、と言った」と話す。

つまりこの物語は、トラブルが起きることによって相手が見えてくるということを言っている。

トラブルは嫌なものと思っているが、トラブルによって本当のことが見えてくるのである。

もちろん見えたものが自分にとってプラスの時もあれば、マイナスの時もある。

信用していなかったけれども、意外に信用できる人だと分かる時もある。

つまりトラブルで、それぞれの人が自分の本性を現すのである。

平穏な時には見えない相手が見える。

世の中にはいろいろなトラブルがある。

たとえばあなたの周辺で金銭上のトラブルがあったとする。

しかしそのトラブルがあったからこそ「あいつは嘘つきだ、あいつは金銭的には信用できない」とあなたは分かる。

このことが今分からないで十年たってからわかったら、あなたはどうなるか。

このままトラブルなしで十年過ごして、「その人」にお金を使いまくられて、その後で無責任に逃げられたら、あなたはもっとひどいことになっていたのではないか。

今、トラブルがあったおかげで、「あの人は信用できない」とあなたは分かった。

世の中には金銭上のトラブルばかりではなく、「あれほどしてあげたのに、その最中に陰ではこんなことをしていたのか」というようなことがある。

そうした信頼関係のトラブルもある。

たとえばあなたが、ある人の病気の世話を献身的にしていたとする。そしてあなたは、その直後に裏切られていたと分かる。

確かに「あいつ」の病気の世話はきつかった。

しかしあの時に裏切られたおかげで、「もう、この人が何を言ってきても、本気で世話をしてはいけない」と分かった。

裏切られたことは辛かったけれども、それも今度の病気騒動で「その人」が分かったから、これから先のもっと大きなトラブルは避けられた。

ここで裏切られていなければ、この先もっと大きな裏切りにあっていたかもしれない。

「その人」から、立ち直れないほどのひどい仕打ちをされていたかもしれない。

どのようなトラブルからも積極的な意味を見いだす。それがレジリエンスのある人である。

レジリエンスのある人は、受け身、被害者意識、恨みでものごとを解釈しない。

ところで、このイソップ物語が教える一番大事なことは、ちょっと見が悪くても長い目で見ると、これはもっともっと大きな悲劇を避けさせていることになるのだということである。

また逆に、一時よくても長い目で見るとそれは、その後の大きな「ツケ」になることもあるということである。

今、トラブルのまっただ中にいる人は「あー、辛いけれども、これが自分の幸せに至る道なのだ」と思うことである。

●トラブルに巻き込まれた自分にも原因はないか

そしてトラブルに際して、さらに大切なことがある。

それは、なぜそのトラブルが起きたのかという原因である。

たいていのトラブルは、起きるだけの原因があって起きている。

先のイソップ物語でいえば、この二人がなぜ友達になったのかということである。死んだふりをした方の人が、木の上に登った人が悪い、薄情だ、友達甲斐がない、裏切られたというような捉え方をしているようなら、この人はまた同じようなトラブルに巻き込まれる。

この木の上に登った人とは同じトラブルを起こさないかもしれないが、別の人にまた裏切られるかもしれない。

それはこの熊に殺されそうになった人が、トラブルの起きた原因が、自分の方にもあるということに、気がついていないからである。

この人はなぜこの木の上に登った人と友達になったのか、ということである。友達になった動機に、問題がある。トラブルの原因がある。

その時の自分に何か都合がいいから、その人と友達になったのかもしれない。何か利己的な動機で、友達になったのかもしれない。

その人と一緒に旅することが、自分の利害損得の計算に合っていたから、一緒に旅行していたのかもしれない。

淋しくて誰でもいいから一緒に旅行してくれる人が欲しかったから、一緒に旅行していたのかもしれない。

その友達に気に入られたかったからかもしれない。

こういう人と友達になるには、こういう人と友達になろうとする原因が、自分の心の中にもあったのである。

そのことに気がつかないで、「あいつだけは許せない」とその人を恨んでいるなら、また同じ目に遭う。

もしその人と一緒に旅することが得だと思って一緒に旅したのなら、このトラブルはそういう自分を反省する機会である。

そもそもその人と自分がくっついた始めの動機を反省することが、次の悲劇を避ける道である。

これは家族の関係でも同じである。

家族関係は血縁だから宿命で避けられないと言い訳をすれば、また同じ様な体験をする結果になる。

確かに宿命だから、友達や会社の同僚のように避けることは出来ない。

しかし、家族とはいえ一蓮托生《いちれんたくしょう》と思わず、ある程度距離をとった付き合いにしておけば、無自覚にトラブルの道連れになることを、極力避けることはできる。

トラブルがきっかけで人を恨んだ時には、酷な言い方であるが、これから先にさらに大きなトラブルに巻き込まれる可能性があると思った方がいい。

トラブルの原因は自分の中にあると、自分の心の中を直視してこそ、未来の悲劇は避けられるのである。

死を前にして地獄を味わう人は、トラブルの原因を自分の中に見いださないで生きてきてしまった人である。

だから死を前にしての大きなトラブルという、人生最大の悲劇に見舞われたのである。

死を目前にして日記に「見えてきた、見えてきた、見えないものが見えてきた」と書いた人もいる。

しかし自分の周囲にいた人が「見えた」時にはもう遅すぎた。

齢をとっていて身動きできなくなっていた。体が言うことをきかなくなっていた。

そしてずるい人たちに囲まれて、恨み骨髄に達して、悶絶死した。

悶絶死した人は悲劇の人であるには違いないが、その悲劇は、自然の災害のような避けられないものではなかった。

その悶絶死した人が、そういうずるい人たちを、自分の周囲に呼び寄せてしまったのである。

そして人生の途上でその反省がなかった。

その悶絶死した人も、もう少し早く人を見ればよかった。

しかし、その時々の都合のいい人ばかりと付き合いながら、地獄への道を突き進んだのである。あるいは自分のずるさがずるい人を周囲に呼び寄せたのか。

いずれにしろ、ずるい人に囲まれたことの原因の中に、その悶絶死した人の何かが一切関係ないとはいえない。

●宿命を背負って自分を鍛える

私自身の話である。

親族の借金の整理のために、営業時間外に銀座や新橋のクラブやバーやキャバレーを訪ねたことがある。まだ20代のころだ。

その時、そこで働いている人々の私に対する対応、ホステスたちの対応を体験した。詳しくは書かないが、結構なお金が絡んでのことでもあり、精神的に実に辛いものであった。

おかげでその後、私は、自分からは、そういう場所でお酒を飲もうと思わなかった。

華やかさと色気の世界の裏にある、お客が知ってはいけない荒野を見てしまったからである。

そのような一つ一つの体験が積み重なって、自信となっていくのである。

私は当時、すでに本を書いていたから、出版社の人に連れられて行ったりして表の世界は分かってはいた。

しかしもちろん、裏の世界は知るわけがない。

今から思えば、たまたまその現実に向き合わざるを得ない経験をしたことが、その後の私を支える体験になっているのである。

もちろんこの喜ばしくない現実を、受け身で被害者意識をもって解釈していたら、その20代での体験は自信に結びつかなかったろう。

「何で私はこんなにひどい運命の下に生まれたのだろう」と被害者意識で自分の宿命を呪うことも出来た。

しかしそうしていたら、私の20代の全ての体験は活きてこない。

「私は自分に与えられた宿命を背負って生きて来られた、あの辛酸を舐めながらも負けなかった、自殺をしないで生きて来られた、あの宿命こそ私を鍛えてくれた」と能動的に自分の生まれた環境を解釈して、初めてその体験が自信に結びついてくる。

20代でのこの体験がなければ、私は今でも、怖いものが沢山あっただろうと思う。

今は怖いものは何もないといえば嘘になるが、少なくとも世間体というようなことへの恐れはなくなった。

もし若いころ、親族の不始末に立ち向かわずに逃げていたら、今でも世間の目を恐れているることだろう。

ところが自分に与えられた宿命としての重荷を自らの気概で背負えば、人間の不平等を叫ばなくても、自信はできる。

自分の力を誇示しなくても自然と自信はついてくる。

トラブルを解決するというような、きつい仕事を成し遂げないで自信を求めるから、いくら「俺は自信がある、俺は自信がある」と騒いでも、自信が持てないのである。

あるいはせっかく重荷を背負いながらも、「背負わされた」という被害者意識で受けとめてしまうから、いつになっても自信が持てないのである。

註釈

【註1】Gina O'Connell Higgins, *Resilient Adults-Overcoming a Cruel Past,* Jossey-Bass Publishers San Francisco, 1994, p42.

【註2】同前、p62.

【註3】"In fact, the resilient get unusually good emotional mileage out of virtually any experience they encounter." 同前、p20.

【註4】"You are rotten, or you are stupid." 同前、p40.

【註5】同前、p40.

【註6】"anywhere is a better place to be." 同前、p42.

【註7】"the healthy should be masters of environment-able to work, love, play, and be efficient in problem solving." 同前、p55.

【註8】"I don't see myself as a victim. I see myself as a survivor, who's done more than just make the best of a difficult situation-someone who's really thrived." 同前、p59.

【註9】同前、p59.

【註10】"I see myself as a successful person, not a victim. I think of a victim as someone who's experienced great difficulty and has never been able to rise above it but has remained locked in the pain and suffering. To me, that's victim, and I'm not a victim at all. That's not happened to me in my life.” 同前、 p59.

【註11】“I can face almost anything.” 同前、 p61.

【註12】“I guess the biggest things is the determination that I have.” 同前、 p43.

【註13】“Unlike the term survivor, resilient emphasizes that people do more than merely get through difficult emotional experiences, hanging on to inner equilibrium by a thread.” 同前、 p1.

【註14】“I also found that they tend to negotiate an abundance of emotionally hazardous experiences, proactively rather than reactively, thus solving problems flexibly; they make positive meanings out of emotional disappointments; they effectively recruit other people.” 同前、 p20.

【註15】“The resilient are characterized by a deeply held conviction that that deserve love.” 同前、 p125.

【註16】“Whether I win or lose in whatever the situation is, I just feel good about the style in which I approach it.” 同前、 p62.

【註17】“I don’t try to manipulate others; I don’t so much worry about the results as I think about my own ethics.” 同前、 p62.

【註18】“More dynamically, they remain fiercely committed to reflection, new perspectives and ongoing therapy. In fact, the resilient get unusually good emotional mileage out of virtually any experience they encounter.” 同前、 p20.

【註19】同前、 p20.

第4章 不幸になっても、また幸せになれる

●心理的に病むほど学べなくなる

問題の解決に積極的な人と、消極的な人がいる。

セラピーの時に、レジリエンスのある人は熟慮する。

新しい見方にコミットする。

進行中のセラピーに、しっかりとコミットする。

レジリエンスのある人は、セラピーでは深い自己精査を得るという。

彼らはセラピーでは、積極的に問題を解決しようと苦闘する。【註1】

要するにレジリエンスのある人は、学ぶ姿勢が劇的というほどしっかりしている。

同じ大学にいて、同じ講義を聴いていても、レジリエンスのない学生は「あんな講義くだらない」と偉そうな口をきいて、結局その講義から何も学ばない。

すぐに人のいうことを批判して、人から何も学ばない人がいる。

レジリエンスのない人である。

学ばない人は、学ばない心で生きている。自我価値の崩壊を恐れて「自分はこんなに凄いのだ」と虚勢を張ることに、生きるエネルギーを使ってしまう。学ぶことに、生きるエネルギーを使わない。

学ぶ人は、学ぶ心で生きている。素直なのである。学ぶ人は素直で、素直な人は人からの好意を得やすい。

自然からも動物からも学ぶことで、立ち上がっていく。学ぶことは、意味ある人生を生きるために、きわめて重要である。

ところが人は、心理的に病んでくれば病んでくるほど、学ぶことが出来ない。傷ついた心から回復するためには、ますます学ぶことが必要なのに、ますます学ばなくなる。

というよりも、学ぶことが出来ないのが心の病といいたいくらいである。なぜだろうか。

それは小さい頃の子どもと先生の関係を考えてみれば分かる。

大人になれば、嫌いな先生と嫌いな科目は別である。好きな先生と好きな科目は別である。

しかし小さい子どもは嫌いな先生の科目は嫌いになる。

つまり心理的に幼稚な人は、嫌いな人から学ぶことはなかなか難しい。

心理的に病んでいる人は、とにかく周囲の世界に敵意がある。したがって学ぶことが難しくなる。

誰と会っても学ぶことはある。反面教師という言葉もあるように、学ぼうと思えば誰からも学ぶことはある。

しかし、自己防衛の強い人はとにかく人を批判する。

最後の防衛ラインが人を批判することであると、心理学者のジョージ・ウェインバーグはいうが、その通りである。

そうなると、心理的に病んでいる人は誰からも学べない。誰と接しても学ばない。人でなくて本でもそうである。学ぶ姿勢があれば、どの本からも学ぶところはある。しかし学ぶ姿勢がなくて自己防衛が強いと、とにかく批判が先に来るから何を読んでも何も学ばない。

ネット書店のブックレビューで1をつけて、心の傷を癒そうとする。しかし、読んだ本から何も得られない。

この人から自分は何を学べるか、そう思って接していれば学ぶところがあるが、自我価値の崩壊を怖れて防衛的になっている人は、まず批判が先に来る。

同じ人に接していても、心理的に健康な人は何かを学ぶし、心理的に病んでいる人は学ばない。心理的に病んでいる人は「あんな話、くだらない」とまず批判をして何も学ばない。

動物からも同じである。自然からも同じである。

敵意があれば何も学ばない。

●うつ病の人は、自分で自分を助けようとしていない

うつ病が治りにくい原因の一つは、「学ぼうとしないこと」にあると私は思っている。

うつ病の本質は、隠された敵意だからである。

自分の心の病を治すきっかけになる本を読んでも、心理的に病んでいる人は学ばない。

心理的に健康な人は学ぶ。

学ぶ心の姿勢さえあれば、自然からも講演からも本からも他人からも、いろいろなところから学べる。

しかし、うつ病になるような人は、敵意があるから学ばない。まず人に対して無意識に憎しみがあるから、その敵意で相手の言動に反応する。学ぶ前から、相手の話を聞く前から、批判的である。

「天は自ら助けるものを助ける」とは名言である。自分で自分を救おうという意志があるから、周囲の人もその人を助けることが出来る。

ここが、レジリエンスの重要な要素である人の助け、配慮、好意を得られる原因である。しかし敵意のある人は、憂鬱になることで身近な人に復讐しようとするから、周囲の人はなかなか助けることが出来ない。

うつ病になるような人は、助けられることを拒否している。拒否することで、周囲に対する今までの恨みを晴らそうとする。だから周囲の人は助けようとしてもなかなか助けられない。

今の辛さから逃れたいというのも本音だから、自分の心の底にある敵意に気がついて、人の話に耳を傾けるようになれば、事態は好転する。

不幸アピールで周囲の世界に復讐しようとする態度の醜さに気がついて、人の話に耳を傾けるようになれば、違った世界に入ることが出来る。

ここがレジリエンスのある人と、うつ病になるような人との決定的な違いである。天国と地獄を分けるのは、他人の助けや好意や配慮を得る心の姿勢を持っているか、持っていないかである。

●すぐに答えを出そうとするから批判的になる

学ぶ人はすなわち、ハーヴァード大学教授のエレン・ランガーのいう、マインドフルネスな人である。

マインドフルネスな人は、人生のトラブルが少ないという。

レジリエンスは、私にいわせると学ぶ姿勢である。レジリエンスのある人は学ぶ姿勢のある人。レジリエンスのある人は、どんな状況でも「ここから何を学べるか」を考える。

失敗しても「この失敗から何を学べるか」を考える。困難に遭遇しても「この困難は自分に何を教えているか」を考える。レジリエンスのある人は「失敗は、どう対処するかで失敗になるし、成功にもなる」と考える。

レジリエンスのある人は「悪いことは、切り口を変えれば悪いことではなくなる」と考える。

対処の仕方でよいことにもなるし、深刻化することもある。

悪いことは竹の節目となって、そこから先へ新しく伸びるきっかけになるかもしれない。

レジリエンスのある人は常に対処を考える。

だからレジリエンスのある人は困難な状況でも乗り越えようとするし、挫折しても立ち直ろうとする。

レジリエンスの定義はいまだ確固としたものはないが、研究者のクラークによると、「困難な環境にあっても正常な成長をすること」である。あるいは「人生の挫折に対処する能力があること」である。【註2】

人生は困難に満ちている。人生に挫折は避けられない。

だから問題は対処能力である。

対処能力にはいくつかの要素があるが、一つは学ぶ姿勢である。人の話を聞く姿勢である。

深刻な劣等感のある人は、どうしても学ぶ姿勢がなくなる。

心が病んでくると、さらに対処能力がなくなる。

人と話していれば、そのコミュニケーションの中で対処の知恵も出てくるが、心の病の人がするのは、まず批判である。自我価値の防衛である。

心が病んでくれば病んでくるほど、回復のきっかけをつかめない。心が病んだ時ほどレジリエンスが必要なのに、心が病んでくると逆にどんどんレジリエンスを失う。回復力を失う。

学ぶためには素直でなければならない。しかし深刻な劣等感のある人に「素直であれ」と言っても無理な話である。

素直になれない人からすれば「自分の気持ちなど誰にも分からない」としか思えない。

富よりも学歴よりも、生きていく最高の武器は素直さである。素直であれば、自分の諸問題は何とか解決出来る。何とか人生を乗り切れる。

しかし素直になることほど難しいことはない。ひがんだり、すねたり、突っ張ったり、人に嫌がらせをしたり、偏見を持ったりして自分以外を責める方が、はるかに心理的には楽である。

辛い時に素直になるより、世の中に対して斜に構える方が、はるかに心理的に楽である。自我価値の防衛が脅かされた時には、人を批判していることが、何よりも楽である。現実を認めるよりも現実を否認する方が、はるかに心理的に楽である。

レジリエンスのある人はなぜか素直なのである。

レジリエンスのある人とうつ病になるような人の最大の違いは、憎しみの「ある・なし」

である。

憎しみがあったら素直にはなれない。憎しみがあったらコミュニケーションできない。同じ体験をしても、レジリエンスのある人はそこから学んで立ち直っていくし、心が病んでいる人は、さらに落ち込んでしまう。

憎しみを持つ人には、憎しみを持つだけの理由は十分にある。好きこのんで憎しみを持っているわけではない。

学歴は人を救わないが、学問をすれば救われる可能性がある。

とにかく前向きに「実行してみる」。そうすると光が見える。

なぜ自分は憎しみをもったか、それを学ぶ。

それが学問。

それが「悟る」こと。

人間関係のトラブルからも学ぶ。すぐに答えを出そうするから分からない。

●「もう一度幸せになれる」と考える

レジリエンスのある人になるためにもう一つ重要なのは、コミュニケーション能力であろう。

心理学者のアドラーが社会的感情と言ったことの内容は、コミュニケーション能力であると私は思っている。

コミュニケーション能力さえあれば、人生の諸問題は何とか解決出来る。

レジリエンスのある人が、なぜ人間関係を築くことに優れているのか。それはコミュニケーション能力があるからである。

そしてコミュニケーション能力を破壊するのは、憎しみの感情である。

最も恐ろしいのは、その憎しみの感情を抑圧することである。

これでレジリエンスは完全に失われる。リアクティブになる。

戦争で父親を失った娘に宛てた手紙がある。

アメリカ大統領になったリンカーンの書いた手紙である。

そこに「あなたが悲しみから救われるとは思えないであろう。しかし必ずまた幸せになれる」と書かれている。【註3】

どんなに辛くても「もう一度幸せになれる」、この考え方がレジリエンスである。

なれるわけないと思うか、なれると思うか、それは個人の自由だ。

「なれる」と信じるのがレジリエンスの精神である。

さまざまな徳目を実現した偉大な歴史上の人物を解説した本がある。

その徳目の一つがレジリエンスであり、それを実現したのがリンカーンである。

大統領として最も困難な南北戦争の時期に彼は、「自分は事態をコントロールしていると は言えない。事件の方が自分をコントロールしている」と述べている。

それにもかかわらず、彼は成功の機会を探していた。絶望しなかった。

リンカーンは本来、メランコリーな人間であったという。慢性のうつ病に生涯悩まされていたという。

しかし、現実にしっかりと向き合い、必ずそれを乗り切った。

それは先の手紙に書いてある、「必ずもう一度幸せになる」と「信じる力」であろう。

この本に書かれていることがその通りであるかどうかについて疑問を持つ前に、自分が幸せになるためには、どう人生を解釈したらよいかを考えよう。

リンカーンでさえもがうつ病だったのである。

困難は乗り越えられる。レジリエンスを身につければ。

●「重荷になっている人」を断ち切る

虐待する人に囲まれて生きた人もいる。

30歳の女性の過去の悲劇である。

父親は、アルコール依存症。その父親から殴られる。36歳の兄からも殴られる。

母親は、ギャンブル依存症。その母親からも虐待される。暴力を受ける。

父親の暴力で、母親は自分を妊娠したという。

そこで母親は、自分のことを憎んでいる。

両親は離婚した。

この女性は心療内科で薬をもらっても治らない。

母親は水商売で生計を立てている。家に帰ってくると、テレビの音をもの凄く大きくする。そして「ワーワー」と騒ぐ。

実はその騒がしい状況が、この母親にとっての「子宮の中での体験」なのである。

母親自身が愛されて成長していないので、お母さんになれない。

この30歳の女性が救われるためには、まさにレジリエンスの育成が必要である。

「家には愛がないなら、外で探すしかない」と思えるかどうかである。

虐待された家庭でも、レジリエンスのある人は、家庭の外に信頼する仲間を作る。それが救いとなる。【註4】

彼女の場合、非行に走るか神経症になるか、それとも人間の偉大な可能性を示す例になるかの選択を迫られるような人生である。

この女性は、世の中を恨んでも責められない。自分の運命を呪っても責められない。

罪を犯しても、神経症になっても、ある程度仕方ないと思われるかもしれない。

しかし「私は神に愛されている」と信じれば、人間の可能性を実現する人生に巡り合うかもしれない。

この女性は今のまま家にいて、心療内科で薬をもらっていても治らないであろう。

You can fight back.で、自分を虐待する家族と戦う。

職を探してとにかく家を出る。

その準備を密かに始める。

家を出る準備をしていると分かれば妨害されるから、分からないように準備をする。

まず、心の中で家族を断ち切る。

今は家の人の感情の掃き溜めになっている。

掃き溜めになることを拒否することがYou can fight back.である。

とにかくこの人たちと離れる。

このままいてもいつか殺される。

ならば戦って殺された方がよい。

体を張って戦う。

戦うから自信が出てくる。

今、自信がないのは、戦っていないから。

●「信じられる人」と出会うためには

レジリエンスのある人は、どこかでどうしてか、自分は愛されるに値するという揺るぎない自信を定着させている。【註5】
おそらくわずかな人たちではあるが、現実にレジリエンスのある人がいる。

その人たちは、たまたま親以外の人で信頼できる人に出会っている。また、その人たちの行動が、その出会い以後に信頼に足るものだったからである。

人に「これをあげる」と言ったら、本当にその人にそれをあげる。「別々に生きよう」と言ったら、実際にその人とは別に生き始める。お互いに頼り合わない。

親は信頼できる人ではなかった。残酷な人だった。

しかしどこかで、本当に信頼できる人に出会った。そしてそれ以後、その人自身も信頼されるにふさわしい言動をしていた。それが「私は愛されるに値する」という確信を強めたのではないか。

ただほとんどの人は、愛のない親に育てられれば「私は愛されるに値する」という確信は持てない。

誰も信じられないという思いで30年生きてきた人と、信じられる人が一人でもいて30年生きてきた人では、全く違う人間になっている。

表面的、社会的にどうであれ、無意識の世界で信じられる人がいない人と、信じられる人がいた人では全く違う人になっている。

人生の初期の段階で愛のある人に出会い、その人を信じることができた子どもと、誰も信じられないで生きてきた子どもでは全く違う人になっている。

前者は、その後自分が信じるに値する人間になる。

後者は、自分が信じるに値する人間になれない。

自分が信じるに値する人間でない以上、誰も信じられない。

信じるに値する人間に出会っても、信じられない。

そうなれば、どういう人に出会うかどころではなく、その人にとって、誰も彼もが信じられない人間である。

自分が仮面をかぶって生きている以上、自分が自分を信じることが出来ない。その結果、誰も信じることが出来ない。

信じられる人に出会ったかどうかが極めて重要な要素であるが、問題はそれ以後である。

レジリエンスのある人になれた人は、さらにその素晴らしい出会いの後で、深刻な抑圧を体験していない。つまり自分が自分を信じられる。

自分を偽って生きていない。「善」を信じている。

それに対して、信じられる人との出会いがあっても、その恵まれない環境でさまざまな抑圧を体験した人は、その出会いという幸運を活かさない。

「本当の自分」を自分に隠して生きてこなければならなかった。

自分を偽ることでしか生き延びてこられなかった。

今までの人生で、「本当の自分」は周囲の世界に受け入れられないということを知っていた。そうしてせっかくの幸運を活かせない。そういう人はレジリエンスのある人にはなれない。

それに対して、その出会いという幸運を活かせた人は、経済的、社会的には恵まれていなくても、「本当の自分」として生きてこられた。その結果、レジリエンスのある人に成長できたのではないか。

レジリエンスのある人は、自分は愛されるに値するという揺るぎない確信を持っている。いろいろと迷いがあるだろうが、最後には私は愛されるに値するという岩盤の上にいる。【註6】

●「地獄」から自分の意思で出て行く

レジリエンスとは「どうせ」の反対である。

「どうせ」と言わない。

「私なんかどうせ」と言ったら人は離れていく。

「どうせ」と言った方が今は楽である。しかし「どうせ」と言うことで長い人生の幸せを逃している。

レジリエンスの研究者ヒギンズは、シーボンに尋ねた。

あなたの人生を振り返ると、多くの過酷なことがあったに違いない。そんな中で、あなたの人生の強い希望の光はどこにあったのか。

すると彼女は即座に答えた。

それは愛してくれる人に、焦点を合わせて生きたこと。私の叔母さん、５年生の時の先生、私の友人の両親。

この人たちは私が意味のある存在だと感じさせてくれた。【註７】

「私には幸せな人生が待っている」と確信して、家族との関係を断ち切る。

「私にはどこかにもっとよい場所がある」と信じて家を出る。

代理愛の人に出会えた人、その人と関われた人は、自分は生きるに値すると感じられた。

肉体的に虐待されて成長した人は、確かに過酷な人生であるが、過酷な人生を生きたのは、そういう人たちだけではない。

生まれて以後、常に、「お前は生きる価値がない」という破壊的メッセージを絶えず与え続けられた人も、過酷な人生である。

そういう人もまた、地獄の試練を経なければ「私は生きるに値する」と思えない。

レジリエンスのある人は、よい愛が存在し、自分はそれをみつけられると信じた。【註8】

レジリエンスを育成できなかった人は、よい愛が存在するか否か以前に「よい愛とは何であるか」ということを、想像できなかったのではないだろうか。

地獄に生まれ、地獄で成長した人は、地獄以外の世界を想像できない。地獄以外の世界があることを想像できない。

肉体的にとことん虐待されて成長した人もいれば、地獄を天国と思い込まされて、心理的に破綻したままで成長した人もいる。どちらが辛いかなどを議論する気はない。意味がない。

それにもかかわらず、どのような人生であれ、人は幸せになれる。

もし、今いる世界から、抜け出すことが出来れば。

心が今の絶望の世界から抜け出すことである。

過去の自分の人生はあまりにも辛かった。そして心は破滅してしまった。その腐った肉をあさるハイエナが集まった状態が今なのだ。

自らの悲劇を対象化する。小説でも、絵画でも、何でもよい。創造的不適応といわれる生き方が可能であれば、それに打ち込む。

その時にも、信頼する仲間がいる。とにかく人の結びつきが大切である。

虐待された家庭でも、レジリエンスのある人は家庭の外に信頼する仲間を作る。それが救いとなる。

しかしレジリエンスのない人は、家庭の外に信頼する仲間を作れない。地獄を引きずったままで生きる人は、同じような、信頼できない仲間を作る。

恐れることなく真実に向き合うことだ。

●自己執着にならない人の姿勢

逆境にもかかわらず回復力のある人をレジリエンスのある人というが、彼らは何よりも自分の位置を知っている人である。だからエネルギーの使い方が効率的である。

自分の位置を知っているから、人からの思いやりを得られる。人からの好意を得られる。

人間関係がスムーズに行く。望ましい環境が次々に出来る。

他人からの援助を得るのがうまい。

依存心が克服できているからである。

愛されること、何かしてもらうことばかりでなく、自分もまた相手のために何かをする姿勢がある。

相手に対する関心があるということは、ナルシシストではないということである。自己執着ではない【註9】。

これはもの凄いことである。

普通は親から愛されず、虐待されて成長すれば、自己執着になるのが当たり前である。無力な人間として生まれて、誰も自分を護ってくれないのだから、自分を護ることに執着して自己執着になる。

他人のことは考えられない、他人には保護を求める、それらは当然である。

しかしそれがそうはならない。これほど不思議なことはない。

●人間関係の距離感をどうつかむか

神経症的要求を持つ人と、レジリエンスのある人との違いはいくつもあるが、次のこともそれである。

1、祈る。自分の力に頼る姿勢を生む。
2、持っているものを使う。自分の能力を使う喜びの体験。
3、母親に替わる自然の癒しを得る。
4、人間関係の距離感が分かっている。相手と自分の関係が分かっている。

相手を理解しようとしない。相手の立場を分かっていない。自分の位置を分かっていない。それが神経症的要求を持つ人である。

母親でない人に、生物的な意味での母親と同じことを求める。その人に独占欲が出る。その人の子どもより自分を重視することを求める。これが過酷な運命を背負って生まれてきた人である。

親でも何でもない人が、自分に何かをしてくれる。すると、「この人がこれだけのことをしてくれた」ということで感謝の気持ちが湧く。その感謝の気持ちが人を信じることに通じていく。

相手と自分との関係が分かっているから感謝の気持ちが湧く。そして、その相手との人間関係がスムーズに行く。望ましい人間環境が次々に出来る。これが、レジリエンスのある人である。

レジリエンスのある人と、レジリエンスのない人では、当たり前のことが違う。

心理学者のアドラーは何事も当たり前と思うな、と言っているが、レジリエンスのある人は、確かに何事も当たり前と思わない。

たとえば子どもが保育士に世話になる。いろいろなことをしてくれる。

だが、神経症的要求を持つ人は感謝をしない。

レジリエンスのある人は、この人がこの私にこれだけの世話をしてくれたと感謝をする。

悩んでいる人には人間関係の距離感がない。

人間関係の距離感が必要なのは、人間が矛盾した存在だからである。全てが許されるのは、母親と幼児との関係だけである。

神経症的要求を持つ人は、自分の位置がわからないから、社会的にも肉体的にも、遠い人に無理な要求をする。つまり本来、近い関係の人に求めるようなことを求める。それは母親とのような近い距離を体験していないからである。

神経症的傾向の強い人は、関係の遠い人から借りたものが自分のものになってしまう。母親と小さい子どもならわかる。

しかし神経症的要求を持つ人は、遠い人に対しても同じである。

借りたものを返さない。返還を要求されると怒る。

したがって神経症的要求を持つ人の人間関係は悪化していく。

人を不幸の部屋に入れて鍵をかけてしまうのが自己執着である。

精神科医のフロム＝ライヒマンのいう対象無差別に愛情を求めることの逆が、レジリエンスである。

同じ体験をしても、片方の人は「一生かかっても恩を返しきれない」と思う。そしてその感謝の気持ちで幸せになれる。

他方は、もっと多くのことをしてくれると期待して裏切られるから「一人でも多くの人を殺したかった」というほどの恨みを感じる。

レジリエンスの核は感謝する気持ちである。

人間関係の距離感がわかっているから。

この人がこんなことをしてくれたということで感謝の気持ちで一杯になる。

神経症者には感謝の念がない。

レジリエンスのある人には感謝がある。

相手が何か親切をしてくれた。たとえば簡単なお土産をくれた。するとレジリエンスのある人は、「私のことを覚えていてくれたのだ、気にしてくれていたのだ」と嬉しくなる。

そしてその小さなプレゼントに感謝する。

神経症者は、「こんなものしかくれない」と不満になる。神経症者は初めて会った人に、親に対するような要求をする。だから不満になるし、何時までも満足のいく人間関係を作れない。

レジリエンスのある人は効果的に他人の配慮を得る。

そして彼らが、過去に体験してきた世界より満足の出来る、人間関係のビジョンを育てる。

調査によっていろいろと違うであろうが、ある調査によれば、レジリエンスのある人は、子ども時代、思春期、大人になってからも共感的で親しい関係を保っていた。【註10】

●自分を「私は特別」だと錯覚しない

先ほどの、簡単なお土産をくれる話の続きである。

レジリエンスのある人は、「私のことを覚えていてくれたのだ、気にしてくれていたのだ」と嬉しくなる。そしてその小さなお土産に感謝する。

しかし自己執着の強い人は、そこで「私は相手にとって特別親しい人だ」となる。感謝にはならない。そして相手にとって「私は特別な人」ということになってしまう。

そして、「私は特別」という自分の位置から相手との物事を考えるようになる。

「特別な私」には、他の人と違って特別に素晴らしいお土産をくれることを期待する。

だから不満になる。

自分を不幸の部屋に入れて鍵をかけてしまうのが自己執着である。

自己執着の強い人はまた、ナルシシストでもある。

ある人と食事を共にする。ご馳走してくれた。レジリエンスのある人は、「あの人が、自分にご馳走をしてくれた」と驚きと感謝の気持ちになる。人間関係の距離感があるから、「あの人の好意」ということが理解出来る。

ところが自己執着の強い人は、人間関係の距離感がないから感謝をしない。感謝をしないで、「私はあの人と特別に近い関係」となってしまう。「特別に近い関係」と錯覚する。それは自惚れでもある。

そして「あの人が、自分にご馳走をしてくれた」という驚きと感謝の気持ではなく、「この程度のご馳走か」と不満になる。

自己執着の強い人は、「この人がこれだけのことをしてくれた」という人間関係の理解がない。

レジリエンスのある人は、きちんと現実にコミットしている。

それとは逆に、自己執着の強い人は想像の世界に入り、「私は特別」という世界に入ってしまう。

そこで願望と現実が一緒になってしまう。自己執着の欲求と現実が混乱する。

自己執着の強い人は「こうあって欲しい」という願望に負けて、目の前の出来事の意味を

「こうであるべき」と思ってしまう。

したがって現実にコミットしていない。だから次々に不満になる。特別に扱ってもらえないから不満になる。

相手が自分よりも他人を大切にすると不満になる。

どんどん相手に甘えてくる。

次々と自分の位置を間違える。

とにかく一端「私は相手にとって特別な人」と自分の位置を間違えることで、相手の言動に次々と不満が出る。

同じことをしてもらうという体験をしても、レジリエンスのある人は感謝をし、自己執着の強い人は不満になる。

レジリエンスのある人は、なによりも人間関係の距離感がある。これがポイントである。

「あの人が、こんなことをしてくれた」という驚きと感謝。

「あの人は」は自分の母親ではない。「あの人は」は幼なじみではない。それなのに「あの人は」はこんなことをしてくれたという驚きと感謝である。

自己執着の強い人には、人間関係の距離感がない。幼なじみでもない「あの人」がしてくれたことを、当たり前のことと思ってしまう。

若い頃からの親友でもない「あの人」がしてくれたことで、「自分はあの人の親友と同じ」に思ってしまう。

親しい人ではないのに、親しい人と錯覚する。

自分の心の葛藤を解決することだけに気を奪われているからである。

淋しいから、親しい人が欲しい。すると「あの人」が親しい人になってしまう。

自分の心の葛藤に気を奪われているから、相手に関心が行かない。

自分以外に、周りに人はいない。周りの人は自分の心の葛藤を満たすための道具であって、相手は相手のために存在しているのではない。相手は全て「この私のために」存在している。難しく言うと他者の自己化である。

●「世界は私に奉仕すべきである」という意識から抜け出す

自己執着の強い人において、他人に関心が行くということは、すなわちパラダイム・シフトである。

他人の努力が分かる。見えないところでしている他人の努力が理解できる。そこで妬みもなくなる。

相手に感謝をするということは、相手に関心を持っている証拠である。相手のしたことが理解出来るから、感謝になる。

自己執着の強い人は、相手に感謝の気持ちがない。それは相手に関心が行かないからである。

相手が「これ」をするために、裏でこれだけのことをしたということは、相手に関心があって始めて理解出来る。

相手に関心がない人には、相手が自分に「何をしてくれたか」という結果にしか関心がない。見えない裏の努力が理解出来ない。

自己執着の強い人は、とにかく自分の欲求が満たされるか満たされないかという自分の欲求にしか関心がない。

相手のしたことの過程に関心がある人は、相手を妬まない。相手の努力の過程に関心が行く人は、相手に関心がある人である。

自己執着の強い人にとって、全てこれらはパラダイム・シフトであり、マインドレスからマインドフルネスになることである。

神経症者も、してもらったことを忘れている。「してもらっている」ということを感じない。まさにThe world should be at my service.「世界は私に奉仕すべきである」となる。

相手が自分に何かをしてくれることが当たり前に感じてしまう。自分の執着を「愛」と勘違いするのに似ている。

自分が搾取しているのに、与えていると錯覚する。

相手を尊敬しているつもりで、決して尊敬しているのではない。尊敬を誇示することで、相手を操作しようとしているだけである。

心に葛藤がある者だけが、誇大な尊敬を示す。

それを相手は感じる。無意識の心の葛藤を相手は感じる。尊敬を誇示されたことで何となく不愉快になる。

●誰にでもいい顔をするのをやめる

しかし執着する人は、自分の「尊敬」を相手が迷惑と感じているとは思っていない。

レジリエンスのある人は、生産的である。なぜそうかといえば、相手を見ているからである。

レジリエンスのない人、悩んでいる人は相手を見ていない。

悩んでいる人は、対象無差別にいい顔をする。

たとえば、大学生が他の学生にレポートを見せてあげる。それにはいろいろな動機がある。

1、親切な気持ちから
2、嫌われるのが怖いから
3、好意が欲しい、関心が欲しい、孤独感から
4、不安からの迎合、取り入る。お世辞の場合もある
5、神経症的愛情要求から

悩んでいる人は、誰にでもいい顔をする。

「この人には見せてあげる」という人がいない。

真面目で努力するのだが、人間関係が深まらない。周りには厚かましい人が集まるだけ。

悩んでいる人は人間関係の距離感がないし、質の悪い人が周りに集まる。

愛情飢餓感が強い人は、誰にでも愛を求めた。

その結果、絶望が深まるだけ。

親切の動機も愛情飢餓感。

人は行動で幸せになるのではなく、動機で幸せになったり不幸になったりする。

レジリエンスのない人、悩んでいる人、マインドレスネスな人、神経症的傾向の強い人、そういう人たちは好かれるための行動だから、いよいよ自己無価値感は強化される。

孤独の恐怖感がいかに恐ろしいことか。

そうして日々の言動で自分を作っていく。

日々の行動の中にその人の弱点が表れている。

すぐに気持ちが乱される。

孤独の恐怖感から人に気に入られる行動をした時に、代価の大きさに気がついていない。

ある時に、常に不安な緊張に悩む自分になっている。

でも、なぜそうなったかが分かっていない。

悩んでいる人は人間関係の距離感がない。

厚かましい人にもいい顔をする。いい顔をしないではいられない。

恋愛依存症のようなものである。

相手を見ないで自動的にいい顔をする。

ハーヴァード大学のエレン・ランガー教授の言葉を借りれば、マインドレスネスにいい顔をする。

自分の情動に心を開ける人ほど、他人の気持ちも理解できると、『燃えつき症候群』（1983年、三笠書房）の著者フロイデンバーガーはいう。

他人の気持ちを感じとる能力は、非言語的コミュニケーションを理解出来ることである。【註11】

●自分を消耗させるような人とはつき合わない

自分に気がついていない人は、幸せになれない。

相手を見抜けないから。

レジリエンスのある人は相手を見る。それは彼らが、自分の情動に心を向けることができているからである。

「この人は駄目だ」ということが分かるから、その人にいい顔をしない。

この人は冷たい利己主義者だから、いくら誠実に尽くしても意味がない、それが理解出来る。

この人は誠実な人だから、誠実に接しなければいけないと思う。

このように相手を見るから努力が実る。人間関係が深まる。

神経症的非利己主義というような非利己主義の態度を取らない。

神経症的非利己主義の人は、相手を見ないでひたすら気にいられようと尽くすから、人間関係で消耗する。

恋愛依存症の人も努力して消耗するだけである。

人間関係は深まらない。努力が喜びと結びつかない。それは相手を見ないで愛を求めるからである。

レジリエンスのない人は愛を求めているのに、愛する能力のない人の所に行く。だから代理愛との出会いはない。スキー用具を持ってフロリダに行くようなものである。

心理的に異常な人と、正常につき合おうとすれば消耗するだけである。

神経症的な人と正常のつき合いをしようとすれば、消耗し尽くすしかない。

神経症的な人に対してまともなことを押し通そうとすると、必ず「いざこざ」が起きる。

レジリエンスのある人は慎重である。相手を見抜く。

次のようなことは、マインドレスネスである。

雨が止んでいるのに傘をさしている。

状況が変わっても同じことをしている。意味がないことをしている。

マインドレスネスな人は「ある時、あるシチュエーションで意味を持っていて、そして、他のシチュエーションでそれがまったく意味がないような状況でも同じ行動をとってしまう」とエレン・ランガー教授は言う。

この自分の反応は正しいか？

悩んでいる人は、それを常に考えなければいけない。

小さい頃は、愛情飢餓感の強い人の中にいた。

今は愛を与える人の中にいる。

かつて、恋愛依存症の人の中にいた。

今は違う。

でも、同じ刺激に同じ反応をする。

レジリエンスのない人は、状況が変わっているのに、同じ反応をする。

レジリエンスのある人は今の刺激に今の自分で反応する。周りの人を見ている。

神経症者は心の葛藤に気をとられているから、周りの人に目が行かない。

●「問題解決のために努力する」ことがその人を変える

誰にでも辛いことはある、誰にでも困難はある、誰にでも悲しいことはある。だから問題は、それらの事柄を悩みにしてしまうかどうかである。

悩んでいる人は解決しようという努力はしない。だからそれらが悩みになってしまう。

悩んでいる人は、「何か楽をして生きる方法を教えてくれ」と言っているのである。

マザコンでない人は、困難を解決しようとする。だから、いつまでもくよくよと悩んでいない。

解決しようと努力する。努力するからこそ、どのような結果であれその結果を受け入れる。

また、解決しようと努力する過程でその人が変わるのである。

つまりそのことが解決されるというよりも、その人が成長することでそのことに悩まなくなるのである。

悩んでいる人は、解決しようと努力はしないが、その結果も受け入れない。いつまでも、ただ悩んでいるだけである。

つまり努力しないからその人自身が変わらない。

たとえば私が、「悩んでいる人はマザコンである」という。

すると、「どうしたらマザコンを治せますか」とまた安易な解決方法を求める。

全て手軽に、辛いことをしないで、楽をして解決しようとする。

「ローマ帝国を一日で作ろう」とする。

悩んでいる人は、「他人と同じように自分も努力するしかない」ということを認めたがらない。

自分にだけ特別に、安易な人生が用意されていることを求める。

他人の人生に困難があるように、自分の人生にも困難はあると腹を括れない。

自分の人生にだけは困難がないことを要求する。だから、いつまでたっても悩み多き人生なのである。

他人が事業で失敗することがあるように、自分も事業で失敗する。

他人が失恋することがあるように、自分も失恋する。

他人がエリートコースからはずされるように、自分もはずされる。

悩んでいる人はそれを認めない。だからいつも悩みがある。だからいつも悔しい。

人が騙されるように、自分も騙されることがある。

自分だけいつも誠実で良心的な人にばかり囲まれて、世の中を渡っていくわけにはいかない。

註釈

【註1】Gina O'Connel Higgins, *Resilient Adults Overcoming a cruel Past*, Jossey-Bass Publishers, San Francisco, 1994, p20.
【註2】Ann Clarke and Alan Clarke, *Human Resilience A fifty Year Quest*, Jessica Kingsley Publishers, 2003, p23.
【註3】"You are sure to be happy again." Alan Loy McGinnis, *The Power of Optimism*, Harper & Row Publishers, 1990, p116.

【註4】Gina O'Connell Higgins, *Resilient Adults-Overcoming a Cruel Past*, Jossey-Bass Publishers San Francisco, 1994, P83.

【註5】"We do know is that somehow, somewhere, these people become anchored within an unshakable conviction that they deserve love. They also trust that good love exists, and they find it." "My subjects were strikingly characterized by their deeply held conviction that they deserve love." 同前、P88.

【註6】"Somehow, somewhere, these people become anchored within an unshakable conviction that they deserve love." "They also trust that good love exists, and they find it. They may self-accused, self-rejected, or even self-loathe from time to time." "But at the bedrock, they still know they are worth loving and being loved by another human being." 同前、p88.

【註7】"I asked Shibvon, "Looking back on your life, you can certainly say it has a lot of darkness. Where are you the strong point of light for you?" She quickly focused on recruited love. "My aunt, My fifth-grade teacher. The nuns. Some of my girlfriend's parents. She really made me feel like I mattered." 同前、p39.

【註8】同前、p88.

【註9】同前、pp.13.

【註10】"They have sustained empathically attuned, close relational ties in childhood, adolescence, and adulthood including those they formed with parental surrogates." 同前、p20.

【註11】Daniel Goleman, Emotional Intelligence, Bantam Books, 1995, p96.

第5章
よい人生を創る決意をする

●ずるい人たちが寄ってこなくなった理由

離婚を決意した女性である。

夫はまさに「外で子羊、家で狼」。そこで離婚を決意した。

ところが離婚を申し出た途端、夫は激変した。

洗濯から料理まで、「そこまでしなくていいよ」というほど家の仕事をしだした。

家で狼ではなくなった。

この女性が離婚を決意するまでは、夫は妻に甘えていたのである。

ところが妻が静かに決意した。

その決意は本気だった。

同じような話である。

ある女性が小さい頃からいじめられていた。夫からもいじめられていた。

そこで離婚を決意した。この決意は本気だった。

「これからは一人で自分の足で歩いて行くのだ」と思った。

子どもたちを「私が守るのだ」と決意した。

そうしたら、自分をいじめていた周りの人たちが、どこかへキレイにいなくなった。

離婚届を出しに行く時に「光りに向かって走っているようで、先が輝いていた」という。


人をいじめる人は、戦わない人をいじめる。ファイティング・スピリットのない人をいじめる。

人をいじめる人は、戦う人はいじめない。ファイティング・スピリットのある人はいじめない。

レジリエンスのある人のいう、You can fight back.である。

彼女の本気の決意が、周囲のいじめる人を寄せつけなくしたのである。

まさに彼女はレジリエンスを持ったのである。

彼女はこれから子どもを抱えて生きていく。しかし、この子たちを「私が守るのだ」と決意している。

レジリエンスのある人は、本当にもの凄いことは「決意」だという。

あるレジリエンスのある人の言葉である。

「私が持っている最大のものは『決意』である、と思う」【註1】

離婚を決意した彼女の周りから、いじめる人が消えた。

ずるい人は決意しない人の周りに集まる。

「私が持っている最大のものは決意である」と言った人は、また「私は戦える」とも言った。

「あなたはやられたらやり返すことが出来る」と言った。

もう一度書く。

You can fight back.【註2】

●根拠はなくても「楽観主義」を信じる

幼い頃のダンは、父親の殴打が怖かった。

殺されると思った。

ベッドの下に隠れた。四歳くらいの時である。

小さかったので見つけられなかった。【註3】

先に触れたダンもシーボンも、真実は必ず自分を解放すると堅く信じていた。

そして世の中には、もっと素晴らしい場所があると信じていた。もっとよい場所が必ずあると信じた。【註4】

「真実は必ず自分を解放すると堅く信じて」いなければ、先の女性のように、離婚届を出しに行く時に「光りに向かって走っているようで、先が輝いていた」とは思えない。【註5】

レジリエンスは信念の深遠な形である。【註6】

とにかく最後は固い信念である。

現実の世界とは乖離した経験である。

「こうなるという楽観主義、間違いなくこうなるという楽観主義」である。

ある人を見る。

レジリエンスのない人は「信じられない」という。レジリエンスのある人は「何か信じられるものがある」という。

もちろん、どちらからも信じられない人はいる。

レジリエンスのある人の特徴として言えることは、第一に非言語的メッセージに強いこと、第二に「心」を大切にすることである。

そして、レジリエンスのある人は根拠なく「楽観主義を信じる」ことが出来る。

そういう人になって初めて、悲惨な現実の世界で生き延びる神話を作り出すことが出来るのだろう。

うつ病になるような人は、根拠なく悲観主義である。

根拠のない悲観主義と、根拠のない楽観主義の違いは決定的である。

根拠があれば、どちらにしても理性的な議論は可能である。

しかし双方ともに根拠なく信じている。

レジリエンスのある人は、あることを前に「きっと上手くいく、間違いない」と思う。

うつ病になるような人は、「駄目に決まっている」と思う。

うつ病になるような人は、過去の体験からシミュレーションしている。そこで「駄目に決まっている」と思う。

●「辛い状況」に甘んじるとさらに辛くなる

ずるい人、嘘つき、弱虫、虚勢を張る人、怠け者、ひがむ人、利己主義者、卑怯な人は、戦わない人をいじめる。戦わない人から搾取する。

そういう人たちは、決意した人から逃げる。

だから、先の彼女の周りから自然と消えたのである。

彼女が離婚を決意しなければ、子どもは「私が守るのだ」と決意しなければ、どうなったか。

彼女がボロボロになって破滅するまで、彼女の周りの人は彼女から搾取し続けるだろう。彼女の周りにいる人はハゲタカなのである。

財産よりも、名声よりも、権力よりも、何よりも強いものは「決意」だと彼女は感じたのだろう。

うつ病に苦しんだリンカーンが、「ほとんどの人は自分が幸せになろうと決心するだけで幸せになれる」と言ったのは、そういう意味なのだろう。【註7】

「シャイで億劫《おっくう》がり屋だった」ガンジーが「偉大なインド建国の父」に変わったのも、決意からであろう。【註8】

離婚の届けを出しに行く時に「光りに向かって走っているようで、先が輝いていた」と言う彼女こそレジリエンスのある人である。

彼女だって「私は皆にいじめられて、殺されます」と惨めさを誇示し続けて人生を終えるのかもしれなかった。

いや、ほとんどの人はそうして人生を終えていく。

レジリエンスのある人と違って、「虐待に甘んじる」人がいる。

いじめられても反撃できない。搾取タイプの人にやられっぱなし。

とにかく誰にでも舐められている。

本来、自分を護ってくれるべき人からもいじめられる。

たとえば、弁護士とか離婚調停の裁判調停員からもいじめられ、虐待される。

愛人の存在を許す。受け入れてしまう。

それは虐待を許すのと同じである。

自己蔑視の心理的特徴である。

自己蔑視は自己疎外でもある。

自分がない。

レジリエンスは自己蔑視の反対である。

自己蔑視には四つの特徴がある。

つまり、比較する、虐待を許す、傷つきやすい、強迫的名声を追求する。

これらの逆ということは、レジリエンスのある人は、自己尊重である。

レジリエンスのある人にとって、今の目の前の現実は敵であっても、その現実の向こうに味方を見ている。

虐待を許すのも自己憎悪が原因のことが多い。

元々は、他者を憎んでいる。その憎しみが自分に向いて自己憎悪となっている。

小さい頃の、いじめられたことに対する憎しみが、自分に向きを変えて自己憎悪になる。

もちろん、この心の弱さが何によってもたらされているかということは、別のことである。

そうした弱い人になってしまったことが、全てその人に責任があるわけではない。

小さい頃から愛着人物の有効性がなかったことかもしれない。

つまりどんなに困っても、愛着人物がそばにいて対応してくれなかった。

周りに信じられる人がいなかった。

その影響は生涯続く。

地獄に生まれた人だけが知る辛さから不死鳥のように蘇るには、レジリエンスを学ぶことである。

過酷な自分の運命を受け入れる。

そして自分を正しく理解するしか、生き延びる道はない。

●「よく思われたい」と思いすぎて神経症になる

虚栄心はありがたくないものだが、残念ながら誰もが持っている。

インド独立の父・ガンジーは、虚栄心を上手にコントロールできた。

彼はインドの中流の家庭の子で、シャイで億劫がり屋だったという。【註9】

その彼が偉大な建国の父に変わったのは、ヒンズー教への宗教的献身である。しっかりとした目的を持つことの恐ろしいまでの力である。

心理学者のアドラーなどがいうように、神経症者は生きる目的を間違えている。

自分の生きるエネルギーの使い方を間違えている。

ガンジーは虚栄心を何に置き換えたのか。自尊に対する堅い信念である。【註10】

そして自分に対する尊敬と同じように、全ての人の尊厳に対する敬意である。

シャイで億劫がり屋のエネルギーを、まず自尊に始まり、全ての人の命に対する尊敬と置き換えた。

虚栄心の反対は自尊の感情である。

自らを尊敬する心である。

人は自分を尊敬できないから虚栄心が強くなる。

何もしないから虚栄心の強い人になる。

何もしないのは、生きる目的を見つけられないからである。

虚栄心を捨てようとしても捨てられるわけではない。

それよりも信じられるものを探すことである。

それはガンジーのようにヒンズー教でもよいし、仏教でもよいし、キリスト教でもよい。

もちろん宗教である必要はない。

自分が信じられる人を探すことである。

とにかく何か信じられるものを探し、それを手がかりに虚栄心を捨てる。

虚栄心がなぜ問題か。それはストレスを生み出すからである。

私たちの内なる力を破壊するからである。

虚栄心の強い人は不眠症になるかもしれないし、うつ病になるかもしれないし、自律神経失調症になるかもしれない。

とにかく虚栄心は生きることを辛くする。

アドラーや精神科医のベラン・ウルフがいうように、神経症は虚栄心病である。

ガンジーから私たちが学ぶべきものは何か。

それは私たちの中に眠っている大いなる力を知ることである。

心の中に眠っている潜在的可能性は、発揮される機会を待っている。

心理学者のウィリアム・ジェームズは、人間はみな極めてわずかな部分の可能性しか使っていないと主張した。

建設的なストレスや、ある状態――大恋愛、宗教的熱情、戦いの最前線――に置かれて初めて、私たちは深く豊かな創造的資質に気づく。

そして体の中に眠っている大量の生命力に奮い立ち始めるのである。

マインドレスネスは、自己イメージをおとしめ、選択肢を狭め、独りよがりな心構えをもたらす。

このようにして、私たちは自らの可能性を浪費する。【註11】

ハーヴァード大学のエレン・ランガー教授は、「発育を阻止された可能性」という。

私たちには力はある。

しかしその力が成長する機会を奪っている何かがある。

それは何度も言うように虚栄心であり、復讐心であり、自己執着である。

そして、その核にあるのは依存心である。

シャイで億劫がりやのガンジーを変えたのは自尊の感情である。

人によく思われたいというだけの理想の自我像が、私たちの大いなる可能性を破壊している。

●自分のために、「自分の憎しみ」を捨て去れるか

先の節で決意がいかに重要かということを考えた。

しかし人はなかなか決意できない。

まず格好をつける。

たとえば離婚の相談に来た人に「離婚しなさい」と言えば、ただちに「子どもがいるから、経済的困窮に耐えられない」と離婚できない理由を延々と話し始める。

始めから問題解決の意思はない。

レジリエンスのない人は、悩み相談という形で相手に絡んでいるだけである。相談という形で関係を持とうとしているのである。

溜まった不満を吐き出すことが目的で、解決が目的ではない。

周囲の人も最初は相談に乗るが、次第に嫌気がさして逃げ出すのである。

自分が困った時に、この困難は誰に関係があるわけでもなく、自分自身にだけ関係があるのだと理解できている人がいる。

そういう人には相談に乗る人も出てくる。

自己中心的でない人だからこそ、それを助けようという人も現れる。

悩んでいる人はよく「誰も私を助けてくれない」と、周囲の人を非難する。周囲の人から始まって人間一般を非難する。

しかし、自分が周囲の人をそのように追いやってしまっているということには気がつかない。

つまり悩んでいる人は、自分は相手が嫌がることをしているのだというようには理解できない。

人との心の触れ合いがない人がいる。

「きずな喪失症候群」の人である。

そういう人は、えてして「私の周囲にいる人は皆、冷たい」と非難するが、そうではない。自分が相手をそう追いやっているのである。

周囲の人が冷たいのではない、その人が余りにも自己中心的で、エゴイスト過ぎるので、周囲の人が悲鳴を上げて逃げてしまったのである。

重要なことは、厳しい自分の運命を、自分自身の力で切り拓こうとする決意があるかないかである。

その決意のある人には、助ける人が現れる。

レジリエンスのある人は、恐れはあるが、その恐れにもかかわらず、それを乗り切る確信がある。【註12】

レジリエンスのある人は、自分の環境をコントロールできるという確信がある。絶望しない。

そして、レジリエンスのある人は、愛があることを信じている。

この確信があるから地獄でも走り抜けられる。

愛の反対は憎しみである。

抑圧の結果は感情鈍化というが、実は抑圧の結果は、憎しみである。

憎しみの感情の抑圧が深刻であれば深刻であるほど、憎しみは凄まじい。

そしてこのどうしようもない憎しみも、またさらに抑圧される。

抑圧を余儀なくされた当時の人に対する凄まじい憎しみ、それから以後も続く抑圧で、誰かれとなく憎しみは増大し続ける。

もはや特定の人に対する憎しみではなく、生きることそのことへの憎しみとなる。

それが「生まれて来なければよかった」という言葉に表現される感情である。

それに対してレジリエンスのある人は、暴力を振るうようなひどい親にさえ「生んでくれてありがとう」という感情になる。

憎しみの感情の抑圧の結果は、さらに大きな憎しみであるということを自覚しない限り、私たちは救われることはない。

最後は全ての人に対して憎しみをもつようになる。

精神科医のフリーダ・フロム＝ライヒマンがいうように、愛されなかった人は対象無差別に愛を求めるが、深刻な抑圧を受けた人は、対象無差別に憎しみを持つ。

「女を全て殺したい」と言った男性は、対象無差別に女に愛を求め、対象無差別に女に憎しみを持ったのである。

愛を信じる力、自らの運命を切り拓くと信じる力を妨害しているのは、憎しみの感情である。

つまり、地獄から天国へ入ることを妨害しているのは憎しみの感情である。

憎しみの感情を消すためにはどうしたらよいか。それはそう簡単なことではない。多くの人がこれを試みて失敗している。

だが、地獄からの出口はこれ一つしかない。

憎しみの感情を消すためには、自分を理解することである。自分は憎しみの感情に振り回されていると自覚する。

次に自分を苦しめた人、つまり自分の憎しみの対象を理解することである。

なぜあの人はここまで自分をいじめぬいたのか、その理由を理解するしかない。

「理解する」などと言えば、感情的にも肉体的にも虐待を受けた人は「何も分かっていない」と思う人がほとんどであろう。

肉体的ないじめは分かりやすいから、そうしたこともあるだろうと理解をする人もいるかもしれないが、感情的ないじめは分かりにくいから、それに対しては理解を示す人はあまりいない。

英語に、「猫がネズミをなぶり殺す」という表現がある。

「彼と、猫とネズミの遊びをする」という言い方である（play cat-and- mouse with him.）。

これがサディストである。

「猫がネズミをなぶり殺す」ように子どもの心をなぶり殺すなどといえば、ひどいことをする親がいるものだ、という人がいるかもしれない。

しかし繊細な子をからかいながら、とことんいじめる親はこれをしているのである。

「モラル・ハラスメント」に陥る大人などは、まさにこれをしている人たちである。

残虐な親が優しい子どもを抱え込んで離さない。

猫が、捕らえたネズミをとことんいじめて楽しむのと同じである。

冷酷な親から「猫がネズミをなぶり殺す」ようにしていじめぬかれた子に対して、自分をいじめた親を「理解する」などと言えば、その子は「何も分かっていない」と怒りを覚えるであろう。

本当のいじめは「美徳という名のサディズム」をもって、子どもをいじめる親のいじめである。つまり抵抗不可能ないじめである。

その「サディストを理解する」と言えば、「こいつ、何も分かっていない」というのが当たり前のことである。

「理解する」と言われれば「正気を失った親からいじめられるということがどういうことか、誰も分かっていない」と、その人は孤独を感じるかもしれない。

「会社でのいじめなど、いじめのうちに入っていない。パワハラなどいじめでもなんでもない。パワハラなど笑い話にもならない。ああ、やっぱり誰も分かっていないのだ」と悲鳴を上げるかもしれない。

もちろん、会社で突然いじめられるわけではない。親からいじめられるところからいじめは始まる。どのようないじめでも、今のいじめまでの過程がある。

それはその通りである。物心ついてから、長らくいじめの人生を生きてきた人は、「自分をいじめた人を理解する」と言えば「分かっていない」と思う。

しかしそれにもかかわらず、地獄からの出口は「憎しみの感情を消すこと」、これしかない。憎しみの感情を持つ人にとって、地獄からの出口はない。

レジリエンスのある人が「信じた」ように、憎しみの感情を消す決意をするしかない。

註釈

【註1】"I guess the biggest things is the determination that I have." Gina O'Connell Higgins, *Resilient Adults-Overcoming a Cruel Past,* Jossey-Bass Publishers San Francisco, 1994, p43.

【註2】同前、p43.

【註3】同前、p48.

【註4】"Both Dan and Shibvon certainly believe that the truth shall set you free." "There is a better place to be." 同前、p49.

【註5】"Resilience requires a strong capacity to form and then nurture a vision of an interpersonal world which is more satisfying than the one from which they emerged. This might be considered a profound form of faith, and it is imaginatively sustained through an elaborate system of myths, symbols, and ideals which can survive highly discrepant experiences in the actual world." PSYCHOLOGICAL RESILIENCE AND THE CAPACITY FOR INTIMACY: HOW THE WOUNDED MIGHT "LOVE WELL" A Thesis Presented by Regina O'Connell Higgins to The Faculty of the Graduate School of Education in Partial Fulfillment of the Requirement for the degree of Doctor of Education in the Subject of Counseling and

Consulting Psychology Harvard University, June, 1985, p28.

【註6】"This last quality might be considered a profound form of faith. It is imaginatively sustained through an elaborate system of myths, symbols, and ideals that can survive highly discrepant experiences in the actual world. They have certainly needed it." Gina O'Connel Higgins, *Resilient Adults Overcoming a Cruel Past*, Jossey-Bass Publishers, San Francisco, 1994, p20.

【註7】Alan Loy McGinnis, *The Power of Optimism*, Harper & Row Publishers, 1990, p57.

【註8】John McCain, *Character is destiny*, Random House, 2005, p10.

【註9】同前、p10.

【註10】同前、p12.

【註11】Ellen J. Langer, *Mindfulness*, Da Capo Press, 1989, 加藤諦三訳『心の「とらわれ」にサヨナラする心理学』ＰＨＰ研究所、２００９年、97頁

【註12】"By contrast, the resilient acquire a fundamental faith that, despite their fears, they will encounter a full hold." Gina O'Connell Higgins, *Resilient Adults Overcoming a Cruel Past*, Jossey-Bass Publisher San Francisco, 1994, P89.

終章
コロナ時代を生き抜く柱・レジリエンス

「傲慢な母親の子どもは愛情欲求が満たされない。その結果、全ての人の愛情を求める強迫的必要性を発達させる。そしてその傾向は彼の全生涯に渡って変わらず、彼を心理的に不安定にするとともに、他人に過度に依存的にする」【註1】

精神科医のフリーダ・フロム＝ライヒマンは、「全ての人の愛情を求める」ことの説明において「everybody」という言葉を使っている。誰にも彼にも愛情を求める、ということである。しかも「愛情を求める」ことは必要性というばかりでなく、その前に強迫的(compulsive）と書いている。

愛されないで成長した人は対象無差別に愛を求める。そして生涯、人に対して過度に依存する。

母親から愛されなかった人は、死ぬまで自立出来ない。

ライヒマンは、さらにいう。

「精神分析を通して個人の全体的発達は、彼の子どもの頃の意識的、無意識的、感情的経験によって、決定的影響を受ける」

幼少期の経験は決定的である。

こうしたフロイト以来の精神分析論とレジリエンスとは両立し得ない。

困難には肉体的困難もあれば、ライヒマンのいう感情的困難もある。感情的困難と肉体的困難とどちらが苦しいか、精神分析論とレジリエンスとどちらが正しいか、というようなことは無益な議論である。

この本で書いてきたレジリエンスの考え方は、あくまでこれからの、困難の多くなりそうな「コロナ時代」を、私たちが生き抜いていく上で参考にするべきであるということであって、このレジリエンスにおいて主張されていることが、学問的に全て正しいとは思えない。

幼少期の悲劇から心がずたずたに引き裂かれて、息も絶え絶えに生きている人は、レジリエンスの解説を読んで、この本をズタズタに引き裂きたくなるかもしれない。

「私の心をこれ以上ズタズタに引き裂くのか、あなたは殺人者だ」と叫びたくなるかもしれない。

あるいはこの本をズタズタに引き裂くエネルギーもなく、憂鬱の沼に溺れ死んでいくような、重い気持ちになる人もいるかもしれない。

「何十年にもわたって憎しみをおさえて生きてきた私の孤独感は、誰にも理解してもらえないのだ」と、奈落の底に落ちていくような悲惨さを感じるかもしれない。

レジリエンスなどと言っている人たちは、本当の辛さを経験したことがない化け物だと思う人もいるかもしれない。あるいは、こんな人類が経験したことのない混乱の中で、役立つわけがないと思うかもしれない。

「私の、このどうにもこうにも出来ない口惜しさ、虚しさ、憎しみの激しさなど、この人たちには決して分からない。『決意』がどうのこうのなどとは、真の意味での残酷な人生を経験したことのない者の戯言だ」と思うことだろう。

隠された敵意、隠された憎しみから吐き気、頭痛に苦しみつつ、レジリエンスの考え方に言い知れぬ嫌悪感を覚える人もいるだろう。

人生の困難とは、外側の困難だけでなく、自分の内側に困難があることである。

感情的困難（Emotional difficulties）とは、ライヒマンの言葉である。[註2]

つまりEmotional difficultiesというのは、人間関係の困難である。

どこまで自覚があるか、どこまで人間関係に対処出来るか、それがその人の心理的健康である。[註3]

今、私たちは辛い時代を辛く生きるか、それとも強く生きるかの分岐点に立っている。

これまで書いてきたように、どのような状況の中にも希望を求める姿勢で、転んでも立ち上がって生きていきたい。

この混乱に満ちた社会が、これまでよりも辛くなるばかりだと決めつけるとしたら、おそらくそうなってしまうだろう。

しかし、この大きな変化に合わせて、生きることに対する意識を変えることができるならば、必ずしもこれまでより生きにくい社会になるとは限らないのだ。

特に、私たちの悩みのほとんどを占めている人間関係というものにおいて、自分の生きる姿勢を変えてゆく絶好のチャンスだと思えば、社会の変化の中にも、希望の灯が見えてくるのではないだろうか。

本当はやりたくないことに「はい、やります」と言ってこなかったか。

嫌な人に誘われて「はい、行きます」と言っていなかったか。

なぜ、NOと言わなかったのか。

言わなかったことで、あなたの人生はどうなったか。

あらためて「自分はどういう人生をこれから生きていきたいのかを、自分に問う」いい機会が来ている。

私はそう思って、この本を書いてきた。

もう一つ、うつ病や神経症にならないために、レジリエンスを身につけようと言ってきた。

「うつ病者は要するに感情的困難に陥っているのであろう」

フリーダ・フロム＝ライヒマンがいうように、うつ病者は愛を求めていたのである。

しかし彼らは小さい頃から仲間はずれにされてきた。

たとえば家族の中での嫉妬からのいじめである。

自分はいつもひとりぼっちという感覚である。

皆で楽しそうに笑っていることと、それを見て心が暗くなる人との違いを分からない限り、うつ病者を理解することは出来ない。

ひいては人間の心を理解することは出来ない。

そうなるとレジリエンスということは、上っ面の人間の心の浅はかな理解としか言いようがなくなってくる。

生きること自体が、やりきれない重荷である人がいる。

生きること自体に、腹が立つ人がいる。

人が元気そうにしていると憂鬱になる人もいれば、イライラする人もいる。

そういう人には、自分の幼少期に重要であった人がいる。

そういう人からの心理的束縛から逃れられるかどうかは、死活問題である。

フリーダ・フロム＝ライヒマンが正しいか、ヒギンズが正しいかを議論する人こそ「心の底から幸せになりたい」と願っている人ではない。

真に大切なのは、自分自身が幸せになることである。

さらに地獄を幼少期に体験する人もいれば、大人になってから体験する人もいる。

傲慢な母親から愛されなかった子どもは、対象無差別に愛を求めるとライヒマンはいう。

「傲慢な母親の子どもは愛情欲求が満たされない。その結果、全ての人の愛情を求める強迫的必要性を発達させる。そしてその傾向は彼の全生涯に渡って変わらず、彼を心理的に不安定にするとともに、他人に過度に依存的にする」【註4】

ライヒマンは、母親から愛されなかった子どもは誰に対しても愛情を求めるという。相手を見ない。

おだてられれば、誉められれば、猫でもトラでも関係ない。

誠実な女か不誠実な女かは関係ない。自分をチヤホヤしてくれれば好きになる。

どんなひどい女でも好きになる。

愛されなかった子どもは、愛情を求めまいと思っても、愛情を求めないでは生きていられないということである。そしてそれが死ぬまで続くという。

これが母親に愛されなかった子どもの、決定的弱点である。

ずるい人がいる「この世の中」でまともに生きていけない。

いいように皆に弄ばれる。

母親に愛されなかった子どもは、母親に愛されようとして頑張る。

そして疑似成長して、社会的には成功することがある。

社会的に成功しても心は幼児である。そこを質の悪い女に騙される。

騙されるというよりも手玉に取られる。

質の悪い女にとっては、この疑似成長した男は好き勝手に出来る、まさに赤子の手をひねるがごとくに、自由になる。

そして、いったん自分の手に入った男は、部屋の外から鍵をかけて出られなくする。

すると、そして女は豹変する。

これでその男の人生の悲劇の始まりである。

母親に愛されなかった男の子は、ずるい女に騙される。

これはほとんど自然法則である。

騙されたと分かった時に、騙した人を憎んでしまったら、また次の女に騙される。自分は「なぜあの女に騙されたのか」を考えない限り悲劇は死ぬまで続く。

「ああ、自分にはこの弱さがあったから騙されたのだな」と納得できた時に、未来への道は拓ける。

そういうことが、より見えやすくなったのが、今なのではないか。

人生の悲劇は、幼少期の虐待から、結婚生活から高齢期まで、いつでも起きる。

レジリエンスが正しいか、精神分析論が正しいかを議論するよりも、素直な気持ちでレジリエンスも、精神分析論も学び、自分に与えられた運命の中で、自分はどう幸せになるのかを考えることが重要である。

もちろんレジリエンスを主張するヒギンズも、精神分析論の考え方を十分承知している。ヒギンズも、多くの心理学者たちが、子どもが心理的に健康に成長するためには無条件の愛が必要だと言っていることを承知している。

その上でヒギンズは、レジリエンスのある人の愛する能力を調べたいという。「レジリエンスは憎しみに満ちた過去からは期待できないような能力」だからである。

レジリエンスを学ぶことが、憎しみの灰の中から未来を造りだそうとする人たちの力を激励する助けになる。【註5】

今のところ、レジリエンスにはまだスタンダードな定義はない。

「小さい頃の経験から想像されるより、はるかに心理的に望ましく成長する」というのは、ヒギンズの仮説である。【註6】

レジリエンスの影響の範囲はどこまであるのか。

なぜ子ども時代に受けた攻撃に屈服しないのか？

精神病理的に高いリスクの中で成長した人の中でもレジリエンスは起きる。【註7】

ただ、レジリエンスの定義がそれぞれ違うので、正確には言えない。

レジリエンスを主張する人も、それは承知している。

レジリエンスを主張する人も、その小さい頃の影響は生涯続くという精神分析論の議論は承知している。

それでもなお、地獄に生まれた人だけが知る辛さから不死鳥のように蘇るには、レジリエンスを学ぶことである。

一度しかない人生を間違えないで生きるためには、とにかく自分の運命を受け入れる。そして自分を正しく理解するしか、生き延びる道はない。

困難に当たって、軌道修正しながら生きるのだ。どんな時代も、同じである。

註釈

【註1】*Psychoanalysis and Psychotherapy*, selected Papers of Frieda Fromm-Reichman, Edeted by Dexter M. Bullard, The University of Chicago Press, 1959, p292.

【註2】Frieda Fromm-Reichmann, *The Principles of Intensive Psychotherapy*, The University of Chicago Press, 1950, p14.

【註3】同前、p14.

【註4】*Psychoanalysis and Psychotherapy*, selected Papers of Frieda Fromm-Reichman, Edeted by Dexter M. Bullard, The University of Chicago Press, 1959, p292.

【註5】Gina O'Connell Higgins, *Resilient Adults-Overcoming a Cruel Past*, Jossey-Bass Publishers San Francisco, 1994, P3.

【註6】同前、p17.

【註7】同前、p18.

PHP新書
PHP INTERFACE
https://www.php.co.jp/

加藤諦三［かとう・たいぞう］

1938年、東京生まれ。東京大学教養学部教養学科を経て、同大学院社会学研究科修士課程を修了。1973年以来、度々、ハーヴァード大学研究員を務める。現在、早稲田大学名誉教授、ハーヴァード大学ライシャワー研究所客員研究員、日本精神衛生学会顧問。ニッポン放送系列ラジオ番組「テレフォン人生相談」は半世紀ものあいだレギュラーパーソナリティを務める。

著書に、『どんなことからも立ち直れる人』『メンヘラの精神構造』（以上、PHP新書）など多数、訳書はアジアを中心に約100冊ある。

心の免疫力

「先の見えない不安」に立ち向かう

PHP新書 1278

二〇二一年九月二十八日　第一版第一刷

著者――加藤諦三
発行者――後藤淳一
発行所――株式会社PHP研究所
東京本部――〒135-8137　江東区豊洲5-6-52
第一制作部　☎03-3520-9615（編集）
普及部　☎03-3520-9630（販売）
京都本部――〒601-8411　京都市南区西九条北ノ内町11
組版――有限会社メディアネット
装幀者――芦澤泰偉＋児崎雅淑
印刷所
製本所――図書印刷株式会社

©Kato Taizo 2021 Printed in Japan
ISBN978-4-569-85045-0
※本書の無断複製（コピー・スキャン・デジタル化等）は著作権法で認められた場合を除き、禁じられています。また、本書を代行業者等に依頼してスキャンやデジタル化することは、いかなる場合でも認められておりません。
※落丁・乱丁本の場合は、弊社制作管理部（☎03-3520-9626）へご連絡ください。送料は弊社負担にて、お取り替えいたします。

ＰＨＰ新書刊行にあたって

「繁栄を通じて平和と幸福を」（PEACE and HAPPINESS through PROSPERITY）の願いのもと、ＰＨＰ研究所が創設されて今年で五十周年を迎えます。その歩みは、日本人が先の戦争を乗り越え、並々ならぬ努力を続けて、今日の繁栄を築き上げてきた軌跡に重なります。

しかし、平和で豊かな生活を手にした現在、多くの日本人は、自分が何のために生きているのか、どのように生きていきたいのかを、見失いつつあるように思われます。そして、その間にも、日本国内や世界のみならず地球規模での大きな変化が日々生起し、解決すべき問題となって私たちのもとに押し寄せてきます。

このような時代に人生の確かな価値を見出し、生きる喜びに満ちあふれた社会を実現するために、いま何が求められているのでしょうか。それは、先達が培ってきた知恵を紡ぎ直すこと、その上で自分たち一人一人がおかれた現実と進むべき未来について丹念に考えていくこと以外にはありません。

その営みは、単なる知識に終わらない深い思索へ、そしてよく生きるための哲学への旅でもあります。弊所が創設五十周年を迎えましたのを機に、ＰＨＰ新書を創刊し、この新たな旅を読者と共に歩んでいきたいと思っています。多くの読者の共感と支援を心よりお願いいたします。

一九九六年十月

ＰＨＰ研究所